十二讲修成堂堂正正的人格

黄立航　刘君　编著

广西科学技术出版社

图书在版编目（CIP）数据

十二讲修成堂堂正正的人格 / 黄立航，刘君编著 . —南宁：广西科学技术出版社，2023.6

ISBN 978-7-5551-1925-8

Ⅰ.①十… Ⅱ.①黄… ②刘… Ⅲ.①国学—通俗读物②人生哲学—通俗读物 Ⅳ.① Z126-49 ② B821-49

中国国家版本馆 CIP 数据核字（2023）第 041081 号

SHIER JIANG XIUCHENG TANGTANGZHENGZHENG DE RENGE

十 二 讲 修 成 堂 堂 正 正 的 人 格

黄立航　刘君　编著

策　　划：何杏华

责任编辑：陈剑平　　　　　　　　　　责任校对：苏深灿

责任印制：韦文印　　　　　　　　　　装帧设计：韦宇星

出 版 人：卢培钊

出版发行：广西科学技术出版社

社　　址：广西南宁市东葛路 66 号　　　邮政编码：530023

网　　址：http://www.gxkjs.com

印　　刷：广西彩丰印务有限公司

开　　本：787 mm × 1092 mm　1/16

字　　数：280 千字　　　　　　　　　印　　张：13.5

版　　次：2023 年 6 月第 1 版

印　　次：2023 年 6 月第 1 次印刷

书　　号：ISBN 978-7-5551-1925-8

定　　价：48.00 元

序

　　"堂堂正正做人"，这是中国人的传家格言，也是中国人的志气、骨气和底气。我们从小接受家庭、学校、社会的教育，要堂堂正正做人，要做一个堂堂正正的人。

　　本书两位编著者黄立航、刘君长期学习和研究国学，有着深厚的国学功底，对国学有着独到的见解。特别是黄立航，他从小就对国学有着浓厚的兴趣，1995年考上广西大学后开始研究国学，从唐诗宋词入门，以"四书五经"为研究重点，积累了大量的素材和资料。在学习过程中，他又广泛学习了南怀瑾、曾仕强、傅佩荣等名家的课程，阅读了相关著作，逐渐形成了自己的知识框架体系。参加工作后，黄立航以"国学与企业文化"为题，为国有企业、民营企业和社区开办国学文化讲座十多年。他曾为某金融机构策划"良心金融"企业文化体系，该金融机构实施后获"全国金融系统企业文化建设先进单位"称号，他个人获全国金融系统思想政治工作和企业文化建设调研成果优秀奖。这很不简单，足见黄立航丰富的国学底蕴，理论结合实际见功效。

　　本书以"堂正人格"为基础，从浩如烟海的国学经典中梳理出一个国学知识框架体系，以期让读者在学习的过程中能够循序渐进，达到事半功倍的效果。

　　两位编著者花了多年时间积累素材和资料，经五易其稿，终写成本书。在书中，编著者对精选的大量经典名句做了深入浅出的注解和阐释，文字通顺流畅，结构严谨，层次分明，可读性强，实用性更强。

　　本书适用于有一定古文功底的读者阅读学习，也适用于家庭、机关、企业、社区的教育培训。青少年正处于人格养成的关键时期，尤应提早研修堂正人格，以利于形成健康、积极的人格，实现提升自我、奉献社会与幸福生活。

　　是为序。

黄征旺

2022 年 11 月

　　黄征旺，全国易学与医易会通专业考译专家委员会副主任委员，中共广西壮族自治区委员会党校教授。

前言

著名散文家、艺术理论家、文化史学家余秋雨给"文化"下了一个定义："文化是一种变成了习惯的精神价值和生活方式，它的最终成果是集体人格。"

国学是文化，国学的最终成果就是国学的集体人格。那么，国学的集体人格是什么？国学的集体人格是做一个堂堂正正的中国人，简称"堂正人格"。

一、堂正人格

从小到大，从校园到社会，长辈和老师都在教育我们做人，做一个堂堂正正的人。

从古到今，从庙堂到江湖，人们都以做一个堂堂正正的人为理想、为追求、为自豪。

形成堂正人格是师长对我们的殷切期望，是传承中华优秀传统文化的时代要求。

堂正人格在国人中有着极为统一的社会共识：一是堂正人格的修养主要靠自觉，这个自觉不仅是个人的自觉，而且是全体中国人的自觉；二是堂正人格的培养主要来源于家训和师传，或是榜样的感染；三是对堂正人格的认同感特别强，国人广泛认同要堂堂正正做人的观念。

堂正人格在不同的时代、不同的场景、不同的人群有着不同的内涵要求。归纳起来，堂正人格至少应该包括五个方面的基本要求：一是健康成长；二是有良好的道德修养；三是有真才实学；四是为人处世符合中华民族主流价值观；五是热爱祖国。

如今，我国已进入中国特色社会主义新时代，堂正人格也被赋予了新的历史使命和时代要求。

2014年5月9日至10日，习近平总书记在河南考察时强调，各级党组织要加强对党员干部的教育、管理、监督，用好选人用人考德这根杠杆，引导党员干部堂堂正正做人、老老实实干事、清清白白为官。

2019年1月2日，习近平总书记在《告台湾同胞书》发表40周年纪念会上的讲话中指出："广大台湾同胞都是中华民族一分子，要做堂堂正正的中国人，认真思考台湾在民族复兴中的地位和作用，把促进国家完全统一、共谋民族伟大复兴作为无上光荣的事业。"

二、理解国学

全国领导干部国学教育系列教材之《谋略之道》在前言中对"国学"是这样阐释的：中国文化、华夏文明，人们也常常以"国学"一词统称之。这正如季羡林先生所指出的："国学应该是'大国学'的范围，不是狭义的国学。国内各地域文化和56个民族的文化，就都包括在'国学'的范围之内。地域文化和民族文化有各种不同的表现形式，但又共同构成中国文化这一文化共同体。"国学凝结着中华文化的核心价值理念，表达了中华文明的终极理想追求，是我土我民生命的精神和灵魂，是我土我民信仰的星空和大地。

2021年3月22日，在福建省武夷山市考察的习近平总书记来到朱熹园，了解朱熹生平及理学研究等情况。习近平表示，我们走中国特色社会主义道路，一定要推进马克思主义中国化。如果没有中华五千年文明，哪里有什么中国特色？如果不是中国特色，哪有我们今天这么成功的中国特色社会主义道路？我们要特别重视挖掘中华五千年文明中的精华，弘扬优秀传统文化，把其中的精华同马克思主义立场观点方法结合起来，坚定不移走中国特色社会主义道路。

由此可见，进入新时代，我们更要挖掘中华五千年文明中的精华，弘扬优秀传统文化。

三、堂正人格修养

《论语》曰："吾十有五而志于学，三十而立，四十而不惑，五十而知天命，六十而耳顺，七十而从心所欲，不逾矩。"这是孔子对自己人生学习和修养过程的总结，我们从中可以得出孔子对人格修养六个方面的体会：一是人格修养与学习有关；二是人格修养与志向有关；三是人格修养与明理有关；四是人格修养与担当有关；五是人格修养与处世有关；六是人格修养与境界有关。

鲁迅在《中国人失掉自信力了吗》一文中指出："我们自古以来，就有埋头苦干的人，有拼命硬干的人，有为民请命的人，有舍身求法的人……这就是中国的脊梁。"这是一个堂堂正正的中国人应该有的样子。

毛泽东在《纪念白求恩》中说："我们大家要学习他毫无自私自利之心的精神。从这点出发，就可以变为大有利于人民的人。一个人能力有大小，但只要有这点精神，就是一个高尚的人，一个纯粹的人，一个有道德的人，一个脱离了低级趣味的人，一个有益于人民的人。"后来他又在《为人民服务》中说："我们这个队伍完全是为着解放人民的，是彻底地为人民的利益工作的。"

为人民服务是堂正人格修养的最高境界。

现代著名哲学家、哲学史家张岱年把中华民族精神概括为"自强不息"和"厚德载物"，这就是堂正人格修养的门户。当然，进了门后，还得从以儒、佛、道为代表的诸子百家中，从经、史、子、集的国学经典中汲取智慧，从而在学习国学的过程中逐渐形成有中华民族精神特质和中华文化底蕴的健全人格。

四、堂正人格十二讲

本书对中华文明五千年的国学经典进行梳理，寻找和探讨堂正人格的修养方法，共分为十二讲。

第一讲为"君子以自强不息"。自强不息是生命的本质要求，修养堂正人格就是要坚持这个本质要求，以刚健的姿态从始生走向大壮。

第二讲为"君子以厚德载物"。厚德载物是生命的道德要求，修养堂正人格就是要坚持这个道德要求，以柔顺的姿态坚守正道。

第三讲为"我有三宝无不为"。老子"三宝"是关于智慧的学问，修养堂正人格就是要锻造这种人生智慧，最后达到哲理境界。

第四讲为"天下达德智仁勇"。"智仁勇三达德"是孔子的君子之道，修养堂正人格就是要按照这个标准，力行进德修业。

第五讲为"内圣外王达至善"。"内圣外王"是个人理想与国家理想的统一，修养堂正人格就是要践行这种内明外用之学，从而达到表里如一。

第六讲为"正气自然大丈夫"。孟子的"大丈夫"是民族的脊梁和精神的钙片，修养堂正人格就是要培养这种正气，使人生正大光明。

第七讲为"横渠四句万代志"。"横渠四句"是儒家学子的最高理想，修养堂正人格就是要学习这种理想，为国学和民族而经世致用。

第八讲为"阳明四句致良知"。"阳明四句"是中国人的天理良心，修养堂正人格就是要守住这颗良心，从而升华品性品行。

第九讲为"半个圣人两个字"。"惰""勤"二字是为人处世的深刻诚勉，修养堂正人格就是要从这种诚勉出发，提升人格魅力。

第十讲为"腹有诗书气自华"。中国人的诗书自古就是与道德文章连在一起的，修养堂正人格就是要通过饱读诗书，提升人的气质。

第十一讲为"仁者无敌请勿疑"。"仁者无敌"给人以情怀和格局，修养堂正人格就是要扩大眼界和胸怀，从而超越自我。

第十二讲为"风流人物看今朝"。"数风流人物，还看今朝"，胸怀大局、志存高远，修养堂正人格就是要从心底里明白为人民服务才是最大的"道"。

每一讲均分为三个部分：一是"经典"，即该讲主题涉及的经典原著；二是"延伸"，即对该讲主题的补充、拓展或应用；三是"修饰"，即从多角度对该讲主题进行阐发，深化理解。全书约 400 个国学知识点，按照"中道"思想原则统筹兼顾富有哲理性、思想性和文学性的国学内容。

此外，中国古诗词灿若星河、韵味悠长，本书亦对一些短小精悍的古诗词进行全貌呈现，以方便读者吟咏品味。

囿于编者水平，书中难免有疏漏之处，敬请同行专家及广大读者批评指正。

2022 年 10 月

目录

第一讲
君子以自强不息

【堂正人格】核心提示：天道刚健，人当自强，自强不息是做人最大的底气。

第一节 经 典

【堂正人格】核心提示：透过"人生三境界"领悟自强不息的人生之道。

《象》①曰：天行健②，君子以③自强不息。

——节选自《周易》

一、注解

①《象》：指《象传》，是解释六十四卦卦名、卦义以及三百八十六爻爻辞的文字。

②天行健：天行就是天道。乾为天、为健，故"天行健"。刚健是天道的秉质，自强是君子的标志，故"君子以自强不息"。

③以：取法。

二、译文

《象传》说：天道刚健，君子取法天道，自强不息。

三、要领

古今之成大事业、大学问者，必经过三种之境界：

"昨夜西风凋碧树。独上高楼，望尽天涯路。"此第一境也。

"衣带渐宽终不悔，为伊消得人憔悴。"此第二境也。

"众里寻他千百度。蓦然回首，那人却在，灯火阑珊处。"此第三境也。

——节选自王国维《人间词话》

🪭 第一种境界：孤独探索

昨夜西风凋碧树。独上高楼，望尽天涯路。

——节选自晏殊《蝶恋花·槛菊愁烟兰泣露》

意思是：

在"西风凋碧树"的恶劣环境中，耐住寂寞和孤独，克服迷茫和崎岖，执着地探索人生正确的目标和道路。

🪭 第二种境界：艰苦奋斗

衣带渐宽终不悔，为伊消得人憔悴。

——节选自柳永《蝶恋花·伫倚危楼风细细》

意思是：

为了实现人生理想，在前进的道路上，即便是形体消瘦、精神憔悴，也一往无前，无怨无悔。

🪭 第三种境界：功成豁然

众里寻他千百度。蓦然回首，那人却在，灯火阑珊处。

——节选自辛弃疾《青玉案·元夕》

意思是：

经过千百次的磨炼，终于豁然领悟，到达了成功的彼岸，那闪闪的灯火就是收获的喜悦。

四、选读

（一）节选自《周易》

夫大人者，与天地合其德，与日月合其明，与四时合其序，与鬼神合其吉凶。先天而天弗违，后天而奉天时。天且弗违，而况于人乎？况于鬼神乎？

意思是：

所谓大人，要有天地一样的品德，要像日月一样贤明，要与四季一样进退有序，要知道阴阳得失的妙用，在事物发展不明显的时候就行动而不会违反自然规律，在事物发展明显的时候行动更能够顺应自然规律。这样懂得天道的大人，连老天都不能违背他，难道一般的人能违背他？难道所谓的鬼神能违背他？

（二）节选自李德裕《小人论》

世所谓小人者，便辟巧佞，翻覆难信，此小人常态，不足惧也；以怨报德，此其甚者也；背本忘义，抑又次之。便辟者，疏远之，则无患矣；翻覆者，不信之，则无忧矣；唯以怨报德者，不可预防，此所谓小人之甚者也。

意思是：

世上所说的小人，阿谀奉承，反复无常，不讲信用，这是小人的常态，不必害怕他；用怨恨来报答恩德，是比这更厉害的；忘记根本，背弃信义，比这还稍逊些。对阿谀奉承者，疏远、不要亲近他，就没什么可怕的了；对反复无常者，别相信他，就不愁了；只有用怨恨报答恩德者，不能不事先提防，这是小人中最厉害的。

（三）节选自《孔子家语·五仪解第七》

孔子在《孔子家语·五仪解第七》中，提出了"庸人""士人""君子""贤人""圣人"五种人格。

第一种：庸人

所谓庸人者，心不存慎终之规，口不吐训格之言，不择贤以托其身，不力行以自定。见小暗大，而不知所务；从物如流，不知其所执。此则庸人也。

意思是：

所谓庸人，他们心中没有慎始善终的原则，口中说不出有教诲意义的话语，不选择贤德之人作为自己的依靠，不努力做事以安定自己的生活。小事清楚，大事糊涂，不知道自己在忙些什么；随波逐流，不知道自己所要追求的是什么。这就是庸人。

第二种：士人

所谓士人者，心有所定，计有所守，虽不能尽道术之本，必有率也；虽不能备百善之美，必有处也。是故知不务多，必审其所知；言不务多，必审其所谓；行不务多，必审其所由。智既知之，言既道之，行既由之，则若性命之形骸之不可易也。富贵不足以益，贫贱不足以损。此则士人也。

意思是：

所谓士人，他们心中有坚定的理想信念，谋划的时候会坚守自己的原则，虽然对道德学问不能彻底通达，但是也一定有表现突出的地方；为人处世虽然不能尽善尽美，但是也一定能够安身立足。因此，他们的知识不一定非常广博，但一定要审查所学的知识是否正确；话不一定说得很多，但一定要审查说得是否确当；路不一定走得很多，但一定要明白所走的路是不是正道。智慧明了，说话能说到点子上，做事有根据，犹如人的性命和形体一样和谐统一，不为外界力量所改变。富贵不能增加什么，贫贱不能减少什么。这就是士人。

第三种：君子

所谓君子者，言必忠信而心不怨，仁义在身而色无伐，思虑通明而辞不专。笃行信道，自强不息。油然若将可越，而终不可及者。此则君子也。

意思是：

所谓君子，说话一定坚持忠义诚信但不会怨天尤人，身有仁义的美德但没有自夸的表情，思想明智豁达但言语不会武断。坚定行为道义而能够自强不息。他那从容的样子看似很容易做到，但一般人却无法超越。这就是君子。

第四种：贤人

所谓贤人者，德不逾闲，行中规绳。言足以法于天下而不伤于身，道足以化于百姓而不伤于本。富则天下无宛财，施则天下不病贫。此则贤者也。

意思是：

所谓贤人，他们的品德不逾常规，行为合乎法度。言论足以让天下人效法而不招来灾祸，道德足以教化百姓而不伤害到自己。自己富有了，天下人就可以不积私财；广施德泽，使天下人不担忧贫困。这就是贤人。

第五种：圣人

所谓圣人者，德合于天地，变通无方。穷万事之终始，协庶品之自然，敷其大道而遂成情性。明并日月，化行若神。下民不知其德，睹者不识其邻。此谓圣人也。

意思是：

所谓圣人，他们有天地一样的品德，按照时位变化行事而通达无阻。穷察事物发展的规律，协和万物顺应自然发展，传布大道于天下，让天下人养成良好的品性。贤明如同日月，教化就像神明一样。一般的百姓不知道他有这样高深的德行，即便在身边看着他也如同常人。这就是圣人。

（四）节选自《荀子·儒效》

不学问，无正义，以富利为隆，是俗人者也。

意思是：

不学习，没有正义感，凡事以追求钱财利益为前提，这就是庸俗的人。

第二节　延　伸

【堂正人格】核心提示："元、亨、利、贞"是破解自强不息的四个"密码"。

乾①。元②亨③利④贞⑤。

——节选自《周易》

一、注解

①乾：卦名。

②元：元始。

③亨：亨通。

④利：有利。

⑤贞：正。

二、译文

《乾》：元始，亨通，和合有利，贞正坚固。

三、要领

元者，善之长也；亨者，嘉之会也；利者，义之和也；贞者，事之干也。

君子体仁足以长人，嘉会足以合礼，利物足以和义，贞固足以干事。君子行此四德者，故曰："乾：元、亨、利、贞。"

——节选自《周易》

意思是：

元是善的开始，亨是美的荟萃，利是义的和谐，贞是行事的根据。君子践行仁德，足以为人君长；荟萃美好，足以合乎礼仪；利人利物，足以响应道义；坚守正道，足以干出事业。君子能践行仁、礼、义、正这四德，所以说："乾有元、亨、利、贞四个德行。"

四、选读

（一）节选自《庄子·齐物论》

天地与我并生，而万物与我为一。

意思是：

我与天地万物天人合一、荣辱与共、生死与共。

合乎天地万物是为大善。

（二）节选自《孟子·公孙丑上》

虽千万人吾往矣。

意思是：

即使面对千万人的阻止，我也要勇往直前。

有此神勇当然亨通。

（三）节选自汪莘《水调歌头》

铁可折，玉可碎，海可枯。不论穷达生死，直节贯殊途。

意思是:

顽铁可以折断,玉石可以砸碎,大海可以干枯,不论面对的是失意还是得志,是生存还是死亡,都要以正直不阿的气节贯穿在各种际遇之中。

有此道义必然大利。

◈ 全词赏读 ◈

志可洞金石,气可塞堪舆。问君所志安在,富贵胜人乎。看取首阳二子,叩住孟津匹马,天讨不枝梧。特立浮云外,大块可齐驱。

铁可折,玉可碎,海可枯。不论穷达生死,直节贯殊途。立处孤峰万仞,袖里青蛇三尺,用舍付河图。晞汝阳阿上,濯汝洞庭河。

（四）选自林则徐两广总督府衙堂自题联

海纳百川,有容乃大;

壁立千仞,无欲则刚。

意思是:

大海能够容纳众多的河流,是因为有着宽广的胸怀;悬崖绝壁能够直立千丈,是因为没有过分的欲望。

此刚当得天地之正。

第三节 修 饰

修饰一

【堂正人格】核心提示：逆境奋发是强大人生的第一个"太阳"。

路漫漫①其②修远③兮，吾将上下而求索。

——节选自屈原《离骚》

一、注解

①漫漫：模糊，看不清楚。形容路途遥远的样子。

②其：指路。

③修远：长远。

二、译文

结合原著上下文可理解为：道路又窄又长无边无际，我要努力寻找心中的太阳。表达了屈原"趁天未全黑探路前行"的积极求进心态。

现在一般理解为：在追求真理方面，前方的道路还很漫长，但我将百折不挠，不遗余力地去追求和探索。

三、要领

盖西伯拘而演《周易》；仲尼厄而作《春秋》；屈原放逐，乃赋《离骚》；左丘失明，厥有《国语》；孙子膑脚，《兵法》修列；不韦迁蜀，世传《吕览》；韩非囚秦，《说难》《孤愤》；《诗》三百篇，大底圣贤发愤之所为作也。

——节选自司马迁《报任安书》

意思是：

周文王被拘禁在羑里时推演了《周易》；孔子在困穷的境遇中编写了《春秋》；屈原被流放后创作了《离骚》；左丘明失明后写出了《国语》；孙膑被砍去了膝盖骨，编著了《兵法》；吕不韦被贬放到蜀地，有《吕氏春秋》流传世上；韩非被囚禁在秦国，写下了《说难》《孤愤》；至于《诗经》三百篇，也大多是圣贤们为抒发郁愤而写出来的。

其实还应该加上一句：太史公遇祸，乃著《史记》。

四、选读

《大戴礼记·文王官人第七十二》记载周文王告诉太师尚父用来观察揣测感情真伪、检验测试才学技艺的方法，其法在"六征"。"六征"者，一曰观诚，二曰考志，三曰视中，四曰观色，五曰观隐，六曰揆德。可以说，这是流芳千古的"文王人格修养法"。

第一步：观诚

【原文】观诚者，观验其诚也。《孔子家语》云："诚于此者形于彼。"是诚之足观者。《中庸》云："获乎上有道，不信乎朋友，不获乎上矣；信乎朋友有道，不顺乎亲，不信乎朋友矣；顺乎亲有道，反诸身不诚，不顺乎亲矣。"是观诚之义。

【译文】所谓观诚，就是观察验证他是否真诚。《孔子家语》云："真诚在此处的会在彼处表露。"这就是说，真诚是完全可以观察出来的。《中庸》云："要想获得上级的信任应有一定的方法，如果不能得到朋友的信任，就不能获得上级的信任；要想获得朋友的信任也有一定的方法，如果不能做到孝顺父母，就无法获得朋友的信任；孝顺父母也有一定的方法，如果反省自己有不诚实之处，就无法真心孝顺父母。"这就是观察真诚与否的基本要领。

【原文】考之以观其信，挈（qiè）之以观其知，示之难以观其勇，烦之以观其治，淹之以利以观其不贪，蓝之以乐以观其不宁，喜之以物以观其不轻，怒之以观其重，醉之以观其不失也，纵之以观其常，远使之以观其不贰，迩之以观其不倦，探取其志以观其情，考其阴阳以观其诚，覆其微言以观其信，曲省其行以观其备成。

【译文】用考验来看他的信用，用衡量来看他的智慧，展示困难来检验他的勇气，制造麻烦来检验他的才干，用财利来诱惑看他是否不贪心，用低级趣味的音乐来迷惑看他是否不放荡，拿物品让他喜欢来看他是否不轻佻，故意激怒他来看他是否够稳重，拿酒灌醉他来看他是否不失态，设法放纵他来看他是否守常观，派他到远地来看他是否忠贞不二，派他在身边来看他是否敬业，探究他的心志来看他的性情如何，考察他的动静来看他是否诚实，审察他的细言微语来看他是否守信，详细观察他的行为来看他是否检点。

🔅 第二步：考志

【原文】考志者，考度其志也。考志即可日考言而知其意也。

【译文】所谓考志，就是考察度量一个人的心胸志向。考志，也可以说考察一个人的言语而知道他的心意。

【原文】志殷如深，其气宽以柔，其色俭而不谄，其礼先人，其言后人，见其所不足，日日益者也。如临人以色，高人以气，贤人以言，防其不足，伐其所能，日日损者也。

【译文】心志壮盛而深邃的人，其行气宽缓而柔和，其面色谦逊而不谄媚，见礼在人先，说话在人后，敢于袒露自己的不足之处，这是天天进步的人。若是给别人以脸色，故显傲慢之气高人一等，故意卖弄言辞以显自己贤能，掩盖自己的不足之处，夸耀自己的才能，这是天天退步的人。

【原文】其貌直而不侮，其言正而不私，不饰其美，不隐其恶，不防其过，曰有质者也。其貌固呕，其言工巧，饰其见物，务其小征，以故自说，曰无质者也。

【译文】相貌刚直而不可侮辱，说话公正而不偏私，不夸大自己的好处，不隐藏自己的坏处，不掩盖自己的过失，这是有真本领的人。外表善于作态，言语工巧，掩饰自己的表现，力求做到小处诚信，有过错找理由为自己辩解，这是没有真本领的人。

【原文】喜怒以物而色不作，烦乱之而志不营，深道以利而心不移，临慑以威而气不卑，曰平心而固守者也。喜怒以物而变易知，烦乱之而志不裕，示之以利而易移，临慑以威而易慑，曰鄙心而假气者也。

【译文】用喜欢或厌恶的东西来刺激他而面不改色，故意给他麻烦扰乱而心志不迷乱，用丰厚的财利来诱惑他而立场坚定，用巨大的威势来恫吓他而不屈不挠，这是平心静气而能固守的人。用喜欢或厌恶的东西来刺激他会面色改变，故意给他麻烦扰乱就会心力不足，用丰厚的财利来引诱他就会心志动摇，用巨大的威势来恫吓他就生惶恐，这是心地狭隘而没有真性情的人。

【原文】顺与之弗为喜，非夺之弗为怒，沈静而寡言，多稽而俭貌，曰质静者也。辨言而不固行，有道而先困，自慎而不让，当如强之，曰始妒诬者也。

【译文】顺意给予他不感到欣喜，无理剥夺他也不感到生气，沉静而少言语，遇到事情能思考而相貌谦卑，这是心态平静的人。能说会道却不能践行诺言，别人有理又要无理阻挠，自以为是而不肯谦让，能胜之事则竭力贪功争先，这是嫉妒妄为的人。

【原文】征清而能发，度察而能尽，曰治志者也。华如诬，巧言令色，足恭，一也，皆以无为有者也。

【译文】取证明白而能有见地，测度审察而能有深度，这是思绪缜密的人。浮华而且诬妄、言辞巧妙、面色和善、过度谦让合为一体者，都是颠倒是非、以无为有的人。

第三步：视中

【原文】视中者，占视其内也。内心所示，声气为先，听声处气，观察莫尚焉。

【译文】所谓视中，就是观测一个人的内心。内心所表露的东西，首先是声音气息，聆听声音，感受气息，在观察人方面没有比这更好的方法了。

【原文】初气主物，物生有声，声有刚有柔，有浊有清，有好有恶，咸发于声也。

【译文】宇宙最初的阴阳二气主宰了万物，万物生成后便有了声音，声音有阳刚也有阴柔，有浑浊也有清纯，有美好也有仇恶，这些都发自声音。

【原文】心气华诞者，其声流散；心气顺信者，其声顺节；心气鄙戾者，其声斯丑；心气宽柔者，其声温好。信气中易，义气时舒，智气简备，勇气壮直。

【译文】心气浮华虚妄者，其声音流离散漫；心气和顺诚心者，其声音流畅有节奏；心气卑鄙乖戾者，其声音嘶哑难听；心气宽厚柔和者，其声音温和美妙。诚心的声气中正平易，正义的声气合时舒展，智慧的声气简约完备，勇敢的声气雄壮刚直。

【原文】观色者，观其外色也。内心所畜，每现于面，虽欲掩之，中志不从。

【译文】所谓观色，就是观察一个人的面色。内心所积聚的情感，往往要表现在脸面上，即使想要掩盖，而内心却不会顺从。

【原文】民有五性：喜怒欲惧忧也。……五气诚于中，发形于外，民情不隐也。喜色由然以生，怒色拂然以侮，欲色呕然以偷，惧色薄然以下，忧悲之色累然而静。

【译文】百姓有五种天性，就是喜悦、愤怒、欲望、惧怕、忧愁。这五种心气真实地存在于心胸中，生发表现在外观上，人的感情就无法隐瞒了。喜悦的面色表现为自然而然地顺利产生，愤怒的面色表现为十分郁积的轻慢蔑视，欲望的面色表现为十分愉悦的轻薄苟得，恐惧的面色表现为十分被迫的低声下气，忧郁的面色表现为心事重重而趋于沉默。

【原文】诚智必有难尽之色，诚仁必有可尊之色，诚勇必有难慑之色，诚忠必有可亲之色，诚絜必有难污之色，诚静必有可信之色。质色晧然固以安，伪色缦然乱以烦。

【译文】真正的智慧必定会有表达不尽的神色，真正的仁爱必定会有令人尊敬的神色，真正的勇敢必定会有无畏无惧的神色，真正的忠诚必定会有令人亲和易近的神色，真正的廉洁必定会有难以玷污的神色，真正的安静必定会有令人信任依赖的神色。本质的神色明亮舒服，使人感觉稳定安全；伪装的神色混杂繁多，使人感觉烦乱不安。

第五步：观隐

【原文】观隐者，观其隐托也。人情多隐以便其私，好诈以饰于众，故有伪爱以为忠，矫厉以为勇诸类。

【译文】所谓观隐，就是观察一个人的隐藏借托情况。世人之情多爱隐藏真相以便于营私，喜欢伪诈来粉饰自己、欺骗大众，所以有伪装真爱来冒充忠诚、造作勉强来冒充勇敢之类的事情。

【原文】小施而好大得，小让而好大事，言愿以为质，伪爱以为忠，面宽而貌慈，假节以示之，故其行以攻其名。如此者隐于仁质也。

推前恶，忠府知物焉；首成功，少其所不足；虑诚不及，佯为不言；内诚不足，色示有余，故知以动人；自顺而不让，错辞而不遂，莫知其情。如是者隐于知理者也。

素动人以言，涉物而不终；问则不对，详为不穷，色示有余；有道而自顺用之，物穷则为深。如此者隐于文艺者也。

【译文】小处施舍，而喜欢大处获利；小处谦让，而喜欢大处争得更多；说话谨慎恭敬，用来显示自己的质朴；伪装仁爱，用来显示自己的忠厚；表面宽厚，外貌慈祥，搞些节操的假象给别人看；故意做些行动，以便博取名声……如此种种都是隐托于仁爱质朴。

推寻以前的缺陷，用来贬低一个熟知的人；看到他人取得成功，则轻视他的不足之处；自己想不到的，便佯装不肯说话；内心知道的不充分，而神色显现得很盈余，故作富有智慧来感动别人；自认为合理而毫不谦让，说话措辞也不能通达，让人感到高深莫测……如此种种都是隐托于智慧事理。

总喜欢以空洞的话语来感动人，涉获了一些却没有深入研究；向他提问，则不回答，假装知识渊博，面相显示很丰余；有些道理只是自以为是地运用，推论不通时，又故作高深……如此种种都是隐托于语言艺术。

【原文】廉言以为气，矫厉以为勇，内恐外粹，无所不至，敬再其说以诈临人。如此者隐于廉勇者也。

自事其亲，好以告人，乞言劳粹而面于敬爱，饰其见物，故得其名，名扬于外，不诚于内，伐名以事其亲戚，以故取利，分白其名，以私其身。如此者隐于忠孝者也。

阴行以取名，比周以相誉，明知贤可以征，与左右不同而交，交必重己，必说之而身不近之，身近之而实不至，而欢忠不尽，欢忠尽见于众而貌克。如此者隐于交友者也。

【译文】口称廉洁来冒充气节，造作勉强来假冒勇敢，内心恐惧又故意装作外表忧伤，各种伎俩无所不为，经常吹嘘自己，以欺诈应对别人……如此种种都是隐托于廉洁勇敢。

自己侍奉父母，喜欢说给别人听，希望别人说自己辛苦，表面上装作十分敬爱的样子，装扮一些明显的事物，以博取名声。名声传扬在外，内心却不真诚，借侍奉父母来炫耀自己，以捞取资本，提高名誉地位，以利于自身……如此种种都是隐托于忠诚孝顺。

以不正当的手段谋事以博取名声，结帮互相吹捧，明知道贤德之人可以作楷模，与平常交往的不同，却不与他交往，如果与他交往就必须是对自己很有好处；或者心里喜欢他而身体却排斥他，或者身体接近他而心里却不与他真诚交往，不能坦诚相见、尽情交欢，可是在大众面前又装作一副坦诚相见、尽情交欢的样子……如此种种都是隐托于结交朋友。

第六步：揆德

【原文】揆德者，揆度于德也。德之内充，必符于外。

【译文】所谓揆德，就是考察一个人的道德。如果道德充满内心，一定就会体现于外表。

【原文】言行不类，始终相悖，阴阳克易，外内不合，虽有隐节见行，曰非诚质者也。

其言甚忠，其行甚平，其志无私，施不在多，静而寡类，庄而安人，曰有仁心者也。

少言而行，恭俭以让，有知而不伐，有施而不置，曰慎谦良者也。

隐约而不慑，安乐而不奢，勤劳之不变，喜怒之如度晰，曰守也。

正静以待命，不召不至，不问不言，言不过行，行不过道，曰沈静者也。

【译文】言行不一致，始终相违背，阴阳变化无常，内外不相符，掩饰自己的短处，表现自己的长处，这不是真诚质朴的人。

讲话非常诚恳，做事非常平稳，心中没有私念，施舍不是很多，安静而不结党营私，庄重而能安抚人，这是有仁心的人。

寡言少语认真做事，谦虚、恭敬、勤俭、节约而能礼让，有智慧而不夸耀，有施舍而不以为德，这是谦谨温良的人。

穷困而不惧怕，安乐而不奢侈，勤劳习惯不改变，感情喜怒有节制，这是有操守的人。

端正安静地等待国君征召，不征召则不前去，不询问则不发言，说话不超过行事，行事不超过道理，这是沉着冷静的人。

【原文】心色辞气，其入人甚愉，进退工，故其与人甚巧，其就人甚速，其叛人甚易，曰位志者也。

饮食以亲，货贿以交，接利以合，故得望誉征利而依隐于物，曰贪鄙者也。

质不断，辞不至，少其所不足，谋而不已，曰伪诈者也。

言行亟变，从容谬易，好恶无常，行身不类，曰无诚者也。

小知而不大决，小能而不大成，顾小物而不知大论，亟变而多私，曰华诞者也。

故事阻者不夷，畸鬼者不仁，面誉者不忠，饰貌者不情，隐节者不平，多私者不义，扬言者寡信。

【译文】心理、面色、言辞、态度都使人感觉到愉悦，善于钻营，善于摆脱，所以与人结交十分机巧，与人接近十分快速，背叛人也很容易，这是志在地位的人。

因为饮食而亲热，因为财货而结交，因为利益而合作，他求得名望声誉和攫取利益是依靠于财物，这是贪婪卑鄙的人。

存在质疑而不能作出决断，说话不能表达心意，轻视别人的不足之处，牟取私利永无休止，这是虚伪狡诈的人。

言行变化迅速，举动狂妄轻率，好恶缺乏常性，行为不合身份，这是没有诚心的人。

有小智慧而不能决断大事情，有小能力而不能成就大事业，留意小的物品而不懂大道理，容易变化而多求私利，这是浮华不实的人。

所以遇事设置障碍的人，是不安定的人；依靠鬼神赐福的人，是不仁爱的人；当面恭维的人，是不忠实的人；专门辞修外表的人，是不真诚的人；隐瞒自己行为的人，是不平正的人；私心较重的人，是不仗义的人；喜欢对外宣扬的人，是信用差的人。

修饰二

【堂正人格】核心提示：笃志克难是强大人生的第二个"太阳"。

金樽①清酒斗②十千，玉盘③珍羞④直⑤万钱。停杯投箸⑥不能食，拔剑四顾心茫然。欲渡黄河冰塞川，将登太行⑦雪满山。闲来垂钓碧溪⑧上，忽复乘舟梦日边⑨。行路难，行路难，多歧路⑩，今安在？长风破浪⑪会有时，直挂云帆⑫济⑬沧海⑭。

——选自李白《行路难⑮·其一》

一、注解

①金樽（zūn）：形容精美的酒器。

②斗（dǒu）十千：一斗酒值十两银子。

③玉盘：形容精美的盘子。

④珍羞：珍贵、美味的菜肴。羞：同"馐"。

⑤直：同"值"，价值。

⑥箸（zhù）：筷子。

⑦太行（háng）：山名，位于山西与河北交界处。

⑧垂钓碧溪：据《史记·齐太公世家》载，姜太公吕尚曾在渭水边垂钓，后来遇到周文王被重用。

⑨乘舟梦日边：相传伊尹在受成汤重用前，曾梦见自己乘船经过日月旁边。

⑩歧路：岔路。

⑪长风破浪：比喻远大抱负得以实现。

⑫云帆：高大的船帆。

⑬济：渡过。

⑭沧海：大海。

⑮行路难：乐府歌辞之一。原诗有三首，这是第一首。

二、译文

金杯盛着昂贵的美酒，玉盘装满价值万钱的佳肴。

但是我停杯扔筷不想饮，拔出宝剑环顾四周，心里一片茫然。

想渡黄河，冰雪却冻封了河川；要登太行山，但风雪堆满了山，把山给封住了。

当年吕尚闲居，曾在碧溪垂钓；伊尹受聘前，梦里乘舟路过太阳边。

行路难啊，行路难！岔路何其多，我的路在何处？

总会有一天，我能乘长风破巨浪，高高挂起云帆，在沧海中勇往直前！

三、要领

有志者，事竟成，破釜沉舟，百二秦关终属楚；

苦心人，天不负，卧薪尝胆，三千越甲可吞吴。

——选自蒲松龄自勉联

意思是：

上联用项羽破釜沉舟、大破秦兵的典故，说明做事要有项羽那种拼搏到底、义无反顾的决心。

下联用越王勾践卧薪尝胆、灭吴雪耻的典故，表示要学习越王勾践刻苦自励、发愤图强的毅力。

四、选读

（一）节选自曹操《龟虽寿》

老骥伏枥，志在千里；

烈士暮年，壮心不已。

意思是：

年老的千里马虽然伏在马槽旁边，雄心壮志仍是驰骋千里。

壮志凌云的人士即便到了晚年，奋发思进的心也永不止息。

全诗赏读

神龟虽寿，犹有竟时；

腾蛇乘雾，终为土灰。

老骥伏枥，志在千里；

烈士暮年，壮心不已。

盈缩之期，不但在天；

养怡之福，可得永年。

幸甚至哉，歌以咏志。

（二）选自郑板桥《竹石》

咬定青山不放松，立根原在破岩中。

千磨万击还坚劲，任尔东西南北风。

意思是：

竹子抓住青山一点也不放松，把根牢牢地扎在岩石缝中。

经历成千上万次的磨难和打击依然那么坚强，不管是刮酷暑的东南风还是严冬的西北风。

（三）节选自陆贾《新语·慎微》

建大功于天下者，必先修于闺门之内；垂大名于万世者，必先行之于纤微之事。

意思是：

要想建立大的功业，必须先加强自身修养；要想名垂千古，必须先从细小的事情做起。

修饰三

【堂正人格】核心提示：持德守恒是强大人生的第三个"太阳"。

丈夫四方志，安可①辞固穷②。

——节选自杜甫《前出塞九首·其九》

一、注解

①安可：怎么能够。

②固穷：固守其穷，不以穷困而改变操守。

二、译文

大丈夫有远大的志向，怎么能因穷困而改变操守！

三、要领

观操守在利害时，观精力在饥疲时，观度量在喜怒时，观存养在纷华时，观镇定在震惊时。

——节选自林则徐《观操守》

意思是：

一个人的道德品行，在趋利避害的时候最能看清楚。

正确的利害观要像《礼记·儒行》里说的："见利不亏其义，见死不更其守。"意思是见到货财也不损害大义，宁可牺牲生命也不改变操守。

一个人的精神毅力，在饥饿劳累的时候最能体现出来。

饥饿、劳苦、贫困，最能考验一个人的毅力。《论语·雍也第六》有载，子曰："贤哉，回也！一箪食，一瓢饮，在陋巷。人不堪其忧，回也不改其乐。贤哉，回也！"意思是孔子说："颜回贤明啊，一小竹筒饭，一瓢冷水，住在偏僻狭窄的街巷里。别人不能忍受那种生活的忧苦，颜回却不改变自得其乐。颜回是真正的贤明之士啊！"

一个人的胸怀大小，在喜怒的时候最能暴露出来。

杜甫大喜为国，他在《闻官军收河南河北》中写道："却看妻子愁何在，漫卷诗书喜欲狂。"意思是回头看妻儿的愁云顿时消散，随便地收拾起诗书欣喜若狂。

唐雎大怒安国，刘向在《唐雎不辱使命》中写道："若士必怒，伏尸二人，流血五步，天下缟素，今日是也。"意思是如果有才能和胆识的人一定要发怒的话，地上多了两具尸体（指自己和秦王），血流五步远，天下百姓都要穿孝服，现在这个时候就是这样。

一个人的修为涵养，在身处繁华之处的时候最能显现出来。

陈继儒在《小窗幽记·集醒篇》中说："花繁柳密处拨得开，才是手段；风狂雨急时立得定，方见脚跟。"意思是在花红柳绿的繁华境遇中，若能不受束缚，来去自如，才是真正的本事；在狂风暴雨的困苦逆境中，若能坚定信心，屹立不倒，才算真正的功夫。

一个人的安定功夫，在出现震惊的时候最能体现出来。

处变不惊、临危不乱是一个人的综合修养。崔铣在《听松堂语镜》中提出"六然训"，即"自处超然"，与自己相处要超凡脱俗；"处人蔼然"，与别人相处要和气亲善；"有事斩然"，处事要坚决果断；"无事澄然"，闲居时要清澈明理；"得意淡然"，称心时要淡泊对待；"失意泰然"，不如意时要从容面对。

（一）节选自《论语·卫灵公》

君子固穷，小人穷斯滥矣。

意思是：

君子在穷途末路不得志的时候，也能固守内心的操守和本分；小人穷途末路不得志的时候，就会想入非非，胡作乱为。

（二）节选自班固《汉书·董仲舒传》

强勉学问，则闻见博而知益明；强勉行道，则德日起而大有功。

意思是：

奋发努力于学问，则闻见广博而才智更加聪明；奋发努力于行道，则品德崇高而事业更加成功。

（三）选自景岑禅师《五灯会元·湖南长沙景岑招贤禅师偈》

百丈竿头不动人，虽然得入未为真。
百尺竿头须进步，十方世界是全身。

意思是：

道行修养到了很高程度便停止不前的人，虽然也算登堂入室了，但是还未达到"真"的境界。即使道行修养到了很高的境界，仍须继续修炼，不断进步，到那时"十方世界"就是你的整个身体，你的整个身体就是"十方世界"。

十方世界才是佛教所说的"真"的境界。

第二讲
君子以厚德载物

【堂正人格】核心提示：地道柔顺，人当养德，厚德载物是人之所以为人的所在。

【堂正人格】核心提示："天子九德"是成为人中翘楚的秘诀。

《象》曰：地势坤①，君子以厚②德载物。

——节选自《周易》

一、注解

①地势坤：坤是地，其形虽曲，其义为顺，所以说"地势坤"。载物是厚重的大地的秉质。

②厚：增厚。

二、译文

《象传》说：地势柔顺，君子取法大地，增厚美德，容载万物。

三、要领

宽而栗，柔而立，愿而恭，乱而敬，扰而毅，直而温，简而廉，刚而塞，强而义。

——节选自《尚书·皋陶谟》

意思是：

既宽宏大量又坚韧威严，既性情温和又坚定不移，既小心谨慎又严肃庄重，既处事干练又严谨有序，既谦虚纳谏又刚毅果断，既行为正直又态度温和，既着眼大局又注重小节，既刚正不阿又脚踏实地，既坚强勇敢又符合道义。

四、选读

（一）节选自《论语·公冶长第五》

子谓子产："有君子之道四焉：其行己也恭，其事上也敬，其养民也惠，其使民也义。"

意思是：

孔子评论子产说："他有君子的四种道德：自我修养严肃庄重，侍奉君主谨慎恭敬，治理百姓多用恩惠，征用民力合乎道义。"

（二）节选自《易传·象传上·否》

君子以俭德辟难，不可荣以禄。

意思是：

君子以节俭为德而避开危难，不可追求荣华而谋取禄位。

（三）节选自诸葛亮《诫子书》

静以修身，俭以养德。

意思是：

恬静以修善自身，俭朴以淳养品德。

（四）节选自洪应明《菜根谭》

地之秽者多生物，水之清者常无鱼。故君子当存含垢纳污之量，不可持好洁独行之操。

意思是：

一块堆满了腐草和粪便的土地，才是能生长许多植物的好土壤；一条清澈见底的河流，常常不会有任何鱼虾来繁殖。所以君子应该有容忍庸俗的气度和宽宏他人的雅量，绝对不可孤芳自赏，自命清高而不跟任何人来往，陷入孤立无援的状态。

第二节 延 伸

【堂正人格】核心提示："三不朽"是古人追求"完人"的理想通道。

《坤①》元亨，利牝马②之贞。

——节选自《周易》

一、注解

①坤：卦名。

②牝马：母马。

二、译文

坤：元始，亨通，利于像母马一样柔顺而守正道。

三、要领

太上有立德，其次有立功，其次有立言，虽久不废，此之谓不朽。

——节选自左丘明《左传》

意思是：

首先要提高道德修养，其次要建功立业，再次要著书立说，这样人虽然死了但是精神经久不灭，这就叫"不朽"。

四、选读

（一）选自连平颜氏三十六字《官箴》

吏不畏吾严而畏吾廉；民不服吾能而服吾公。公则民不敢慢，廉则吏不敢欺。公生明，廉生威。

意思是：

属下不惧怕我严格，可是敬佩我清正廉洁；百姓不一定佩服我有多大的本领，但会佩服我公正无私。公正无私，百姓就不至于心存轻蔑；为官勤廉，属下就不敢犯上蒙骗。公正无私产生明察，为官清廉产生威望。

（二）节选自金缨《格言联璧·学问类》

以圣贤之道教人易，以圣贤之道治己难。以圣贤之道出口易，以圣贤之道躬行难。以圣贤之道奋始易，以圣贤之道克终难。

意思是：

以圣贤之道教导别人是很容易的事情，但以圣贤之道自我修持却很难。以圣贤之道脱口而出是很容易的事情，但以圣贤之道切实力行却很难。以圣贤之道奋发起始是很容易的事情，但以圣贤之道贯彻到底却很难。

（三）节选自老子《道德经》

天之道，利而不害；圣人之道，为而不争。

意思是：

自然规律是养育万物，而没有加害之心；圣人的方法是顺道而为，帮助别人而不争夺。

第三节　修　饰

修饰一

【堂正人格】核心提示：厚德之人必有厚福，是厚德载物的成善之律。

积善之家，必有余①庆；积不善之家，必有余殃②。

——节选自《周易》

一、注解

①余：多。

②殃：祸害，损害。

二、译文

修善积德的个人和家庭，必然会有更多的福庆；作恶坏德的，必然会有更多的灾殃。

三、要领

唯厚德者能受多福，无福而服者众，必自伤也。

——节选自左丘明《国语·晋语六》

意思是：

厚德和有福是一致的，厚德者才能服众。一个人没有德而得了福，本来就是不合情理的，如果还得到很多人的服从，情况就更加不正常，最终自己会受到伤害。

四、选读

（一）节选自东岳大帝《回生宝训》

一日行善，福虽未至，祸自远矣。一日行恶，祸虽未至，福自远矣。

意思是：

发心行善，福分虽然未明显来到，祸端却已在暗中远离了。横心造恶，祸端虽然一时未到，福分却已逐渐远离了。

（二）节选自陈寿《三国志·蜀书·先主传》

勿以恶小而为之，勿以善小而不为。

意思是：

只要是善，即使是小善也要做；只要是恶，即使是小恶也不能做。

（三）节选自《吕氏春秋》

天无私覆也，地无私载也，日月无私烛也，四时无私行也。行其德而万物得遂长焉。

意思是：

天的覆盖没有偏私，地的承载没有偏私，日月照耀四方没有偏私，四季的运行没有偏私。它们各自施行恩德，所以万物得以生长。

修饰二

【堂正人格】核心提示：心怀大德终成大器，是厚德载物的成器之律。

子曰："德薄而位尊，智小而谋大，力小而任重，鲜不及①矣。"

——节选自《周易·系辞下》

一、注解

①及：及于祸难的省略语，指祸难。

二、译文

孔子说："道德浅薄却身居高位，智慧贫乏却图谋大事，能力不足却担当重任，这种人很少有不出祸端的。"

三、要领

才者，德之资也；德者，才之帅也。云梦之竹，天下之劲也，然而不矫揉，不羽括，则不能以入坚；棠溪之金，天下之利也，然而不熔范，不砥砺，则不能以击强。是故才德全尽谓之圣人，才德兼亡谓之愚人，德胜才谓之君子，才胜德谓之小人。

——节选自司马光《资治通鉴》

意思是：

才，是德的辅助；德，是才的统帅。云梦泽出产的竹子，是天下的刚劲之物，然而如果不矫正它的曲直，不配上羽毛箭头，就不能作为利箭穿透坚固之物；棠溪出产的铜，是天下的精锐锋利之物，然而如果不放在模具中熔炼铸造，不磨砺出锋，就不能作为兵器击穿硬甲。所以德才兼备的人称之为圣人，无德无才的人称之为愚人，德胜过才的人称之为君子，才胜过德的人称之为小人。

四、选读

（一）节选自《论语·里仁》

子曰："德不孤，必有邻。"

意思是：

孔子说："有道德的人是不会孤单的，一定有志同道合的人来和他相伴。"

（二）节选自傅昭《处世悬镜》

自高者处危，自大者势孤，自满者必溢。

意思是：

自视甚高的人处境更加危险、容易栽跟头，自以为是的人通常都是势力单薄，自满骄傲的人缺点也一定会显露出来。

（三）节选自陈寿《三国志·荀彧传》

奉主上以从民望，大顺也；秉至公以服雄杰，大略也；扶弘义以致英俊，大德也。

意思是：

尊奉天子以顺从民意，这是最大的趋势；大公无私以降服诸侯，这是最大的策略；弘扬正义以招揽英雄，这是最大的德行。

修饰三

不以①物喜，不以己悲，居庙堂②之高则忧其民，处江湖之远则忧其君。是③进④亦忧，退⑤亦忧。然则何时而乐耶？其⑥必⑦曰"先⑧天下之忧而⑨忧，后⑩天下之乐而乐"乎！

——节选自范仲淹《岳阳楼记》

一、注解

①以：因为。

②庙堂：指朝廷。

③是：这样。

④进：在朝廷做官。

⑤退：不在朝廷做官。

⑥其：指"古仁人"。

⑦必：一定。

⑧先：在……之前。

⑨而：表顺承。

⑩后：在……之后。

二、译文

不因身外事物的好坏和自己的得失而或喜或悲。在朝廷上做官时，就为百姓担忧；不在朝廷做官而处在偏远的江湖中时，就为国君忧虑。这样来说在朝廷做官也担忧，在僻远的江湖也担忧。既然这样，那么他们什么时候才会感到快乐呢？古仁人一定会说："在天下人忧之前先忧，在天下人乐之后才乐。"

三、要领

大道之行也，天下为公，选贤与能，讲信修睦。故人不独亲其亲，不独子其子，使老有所终，壮有所用，幼有所长，矜、寡、孤、独、废疾者皆有所养，男有分，女有归。货恶其弃于地也，不必藏于己；力恶其不出于身也，不必为己。是故谋闭而不兴，盗窃乱贼而不作，故外户而不闭，是谓大同。

——节选自戴圣《礼记·礼运篇》

意思是：

在大道施行的时候，天下是人们所共有的，把品德高尚的人、能干的人选拔出来，人人讲求诚信，崇尚和睦。所以人们不单奉养自己的父母，不单抚育自己的子女，要使老年人能终其天年，壮年人能为社会效力，幼童能顺利地成长，使老而无妻的人、老而无夫的人、幼而无父的人、老而无子的人、残疾的人都能得到供养，男子有职务，女子有归宿。对于财货，人们憎恨把它扔在地上的行为，却不一定要自己私藏；人们都愿意为公众之事竭尽全力，而不一定为自己谋私利。因此，奸邪之谋不会发生，盗窃、造反和害人的事情不会发生，家家户户都不用关大门了，这叫作理想社会。

（一）节选自陆游《病起书怀》

位卑未敢忘忧国，事定犹须待阖棺。

意思是：

虽然职位低微却从未敢忘记忧虑国事，即使事情已经商定，也要等到有了结果才能完全下结论。

全诗赏读

病骨支离纱帽宽，孤臣万里客江干。

位卑未敢忘忧国，事定犹须待阖棺。

天地神灵扶庙社，京华父老望和銮。

出师一表通今古，夜半挑灯更细看。

（二）节选自《论语·公冶长第五》

子曰："老者安之，朋友信之，少者怀之。"

意思是：

孔子说："（我希望）老人能够安享晚年，朋友能够互相信任，孩子能够得到关怀。"

第三讲
我有三宝无不为

【堂正人格】核心提示：老子"三宝"是《道德经》的精髓，是人格修养的法宝。

第一节 经典

【堂正人格】核心提示：老子"三宝"是人格修养的"众妙之门"。

我有三宝①，持而保②之：一曰慈③，二曰俭④，三曰不敢为天下先。慈，故能勇；俭，故能广；不敢为天下先，故能成器长⑤。

——节选自老子《道德经》

一、注解

①三宝：实际上就是老子所讲的"善人之宝"，也就是道，所谓"三宝"都是道的表现。

②保：保持。

③慈：仁慈，柔和。

④俭：节俭。意思是要清静无为，积蓄力量。

⑤器长：万物之长。器，即物。

二、译文

我有三件法宝，守持而保存着。第一件叫作仁慈，第二件叫作节俭，第三件是不敢居于天下人之先。仁慈，因此能够勇敢；节俭，因此能够广博；

不敢居于天下人之先，因此能够成为万物之长。

三、要领

太公曰："利而勿害，成而勿败，生而勿杀，与而勿夺，乐而勿苦，喜而勿怒。"

——节选自黄石公《六韬·国务第三》

意思是：

姜太公回答："使人民获得好处，而不加以损害；使人民成就各自的事业，而不加以破坏；使人民繁衍生息，而不加以杀害；多多给予人民实惠，而不去侵占掠夺他们；使人民生活安乐，而不使他们感到痛苦；使人民心情愉悦，而不使他们怨恨愤怒。"

四、选读

（一）节选自戴圣《礼记·祭义》

孝子之有深爱者，必有和气；有和气者，必有愉色；有愉色者，必有婉容。

意思是：

孝子如果对父母有深深的爱戴，一定会有和气；有和气的，一定会面有愉悦之色；有愉悦之色的，一定会有和顺的容貌。

（二）节选自李商隐《咏史二首·其二》

历览前贤国与家，成由勤俭破由奢。

意思是：

纵观历史，大到邦国，小到家庭，无不是兴于勤俭，亡于骄奢。

历览前贤国与家，成由勤俭破由奢。

何须琥珀方为枕，岂得真珠始是车。

运去不逢青海马，力穷难拔蜀山蛇。

几人曾预南薰曲，终古苍梧哭翠华。

（三）节选自徐庭筠《咏竹》

未出土时先有节，便凌云去也无心。

意思是：

竹子尚未出土，还是幼笋的时候就有节；而等它长到云霄之时，依旧虚心。

不论台阁与山林，爱尔岂唯千亩阴。

未出土时先有节，便凌云去也无心。

葛陂始与龙俱化，嶰谷聊同凤一吟。

月朗风清良夜永，可怜王子独知音。

第二节　延　伸

【堂正人格】核心提示：践行上善若水，力求胜而无忧。

　　上①善若水。水善利万物而不争，处众人之所恶②，故几③于道。

　　居善地，心善渊④，与⑤善仁，言善信，政⑥善治，事善能，动⑦善时。夫唯不争，故无尤⑧。

——节选自老子《道德经》

一、注解

①上：最的意思。

②处众人之所恶：处于众人不愿去的地方。

③几：接近。

④渊：沉静，深沉。

⑤与：指与别人相交、相接。

⑥政：为政。

⑦动：行动。

⑧尤：怨咎，过失，罪过。

最高境界的善行，就像水的品性一样。水能够滋养万物却不向万物索取，并安心处于大家都不愿去的地方，故天下最大的善性莫如水。

上善之人像水那样，安居卑下之位，思想深邃难识，交往仁慈友爱，言语真实无欺，为政清静安定，做事善于发挥能力，行为择时而动。正因为他与人无争，所以没有怨咎。

三、要领

战者争事也，兵争交，将争谋，将将争机。夫人而知之，不争力而争心，不争人而争己。夫人而知之，不争事而争道，不争功而争无功。无功之功，乃为至功；不争之争，乃为善争。

——节选自揭暄《兵经百言》

意思是：

战争是敌对双方最激烈的争斗，士兵争的是战技上的高低，将军争的是智谋上的深浅，统帅争的是战机上的把握。一般人都知道，不要与敌人斗力而要争夺民心，不要求助他人而要靠自己。一般人都懂得，不要去计较一城一地的得失，而要寻找力争全局大胜的方略；不致力疆场厮杀的战功，而力争避免战争的无战果之功。没有经过激战而取胜的无战果之功，才是最大的功；表面上看来没有激烈抗争的争夺，才是最巧妙的争夺。

四、选读

（一）节选自《论语·雍也第六》

子曰："知者乐水，仁者乐山；知者动，仁者静；知者乐，仁者寿。"

十二讲修成堂堂正正的人格

意思是：

孔子说："智慧的人喜爱流动的水，仁义的人喜爱稳重的山；智慧的人懂得变通，仁义的人心境平和；智慧的人快乐，仁义的人长寿。"

（二）节选自洪应明《菜根谭》

唯大英雄能本色，是真名士自风流。

意思是：

真正的英雄志士用不着装扮做作，其一举一动自然而然地就能显示出超俗洒脱的高品位来。

（三）选自王维《终南别业》

中岁颇好道，晚家南山陲。

兴来每独往，胜事空自知。

行到水穷处，坐看云起时。

偶然值林叟，谈笑无还期。

意思是：

中年以后存有较浓的好道之心，直到晚年才安家于终南山边陲。

兴趣浓时常常独来独往去游玩，有快乐的事自我欣赏自我陶醉。

间或走到水的尽头去寻求源流，间或坐看上升的云雾千变万化。

偶然在林间遇见个把乡村父老，偶与他谈笑聊天每每忘了还家。

第三节 修 饰

修饰一

【堂正人格】核心提示：得慈者，得天下。

约法三章①日，恩垂②四百基。

——节选自耶律楚材《怀古一百韵寄张敏之》

一、注解

①约法三章：指汉高祖刘邦的"约法三章"。

②恩垂：恩情垂佑。

二、译文

刘邦约法三章的那一天，恩情垂佑汉朝四百年基业。

三、要领

与父老约，法三章耳：杀人者死，伤人及盗抵罪。

——节选自司马迁《史记·高祖本纪》

意思是：

汉高祖刘邦与乡亲父老"约法三章"：第一，杀人者要处死；第二，伤人者要抵罪；第三，盗窃者也要判罪。

这里体现的是对老子"三宝"中的"第一宝"——"慈"的成功运用。

四、选读

（一）节选自贾谊《过秦论》

然秦以区区之地，致万乘之势，序八州而朝同列，百有余年矣；然后以六合为家，崤函为宫；一夫作难而七庙隳，身死人手，为天下笑者，何也？仁义不施而攻守之势异也。

意思是：

然而秦凭借着它的小小地方，发展到兵车万乘的国势，管辖全国，使六国诸侯都来朝见，已经一百多年了；这之后把天下作为家业，用崤山、函谷关作为自己的内宫；陈涉一人起义国家就灭亡了，秦王子婴死在别人（项羽）手里，被天下人耻笑，这是为什么呢？就因为不施行仁政而使攻守的形势发生了变化啊。

（二）选自孟郊《游子吟》

慈母手中线，游子身上衣。

临行密密缝，意恐迟迟归。

谁言寸草心，报得三春晖。

意思是：

慈母用手中的针线，为远行的儿子赶制身上的衣衫。

临行前一针针密密地缝缀，怕的是孩子此去难得回来。

有谁敢说，子女像小草那样微弱的孝心，能够报答得了像春晖普泽的慈母恩情呢？

（三）节选自鸠摩罗什《大智度论》卷第二十七

大慈与一切众生乐，大悲拔一切众生苦。

意思是：

大慈就是帮助一切众生得到安乐，大悲就是帮助一切众生解除痛苦。

修饰二

【堂正人格】核心提示：得俭者，"文"天下。

天下事当与天下共之①，非人主②所可得私③也。

——节选自脱脱《宋史·刘黻传》

一、注解

①与天下共之：与天下人共同治理。实际是指宋朝廷与士大夫共同治理。

②人主：皇帝。

③私：为所欲为。

二、译文

天下的事应当交与天下人共同治理，不是皇帝个人私有的就可以为所欲为呀！

三、要领

太后、主上，吾皆北面事之，汝辈不得惊犯；大臣皆我比肩，不得侵凌；朝廷府库、士庶之家，不得侵掠。

——节选自《宋史·太祖本纪》

这是"勒石三戒"的原型，意思是：

第一，保全柴氏子孙；第二，不杀士大夫；第三，不加农田之赋。

这里体现的是对老子"三宝"中的"第二宝"——"俭"的出色运用。

四、选读

（一）节选自《周易·节卦》

六四：安节。亨。

九五：甘节，吉，往有尚。

上六：苦节，贞凶。悔亡。

节卦揭示了人生节制的三种境界：

六四，能安然实行节制，故而亨通。

九五，能适度节制从而让人感到美而适中，是吉祥的，前行一定会受到褒奖。

上六，因节制过分，则会感到苦涩，而且会发生凶险。如果能对过分节制感到懊悔，则凶险有可能消失。

（二）节选自班固《汉书·贾捐之传》

鸾旗在前，属车在后，吉行日五十里，师行三十里，朕乘千里之马，独先安之？

这是著名的汉文帝《却千里马诏》，意思是：

天子出行，前有仪仗，后有侍从，好天气一日行五十里，坏天气一日行三十里。你送给我千里马，叫我一个人骑上先跑到哪里去呢？

（三）节选自司马光《训俭示康》

御孙曰："俭，德之共也；侈，恶之大也。"共，同也；言有德者皆由俭来也。夫俭则寡欲，君子寡欲，则不役于物，可以直道而行；小人寡欲，则能谨身节用，远罪丰家。故曰："俭，德之共也。"侈则多欲，君子多欲则贪慕富贵，枉道速祸；小人多欲则多求妄用，败家丧身；是以居官必贿，居乡必盗。故曰："侈，恶之大也。"

意思是：

御孙说："节俭，是最大的品德；奢侈，是最大的恶行。"共，就是同，是说有德行的人都是从节俭做起的。因为如果节俭就少贪欲，有地位的人如果少贪欲就不被外物役使，可以走正直的路；没有地位的人如果少贪欲就能约束自己，节约费用，避免犯罪，使家室富裕，所以说："节俭，是各种好的品德共有的特点。"如果奢侈就多贪欲，有地位的人如果多贪欲就会贪恋荣华富贵，不循正道而行，招致祸患；没有地位的人多贪欲就会多方营求，随意挥霍，败坏家庭，丧失生命；因此，做官的人如果奢侈必然贪污受贿，平民百姓如果奢侈必然盗窃别人的钱财。所以说："奢侈，是最大的恶行。

修饰三

【堂正人格】核心提示：不争者，争天下。

居①众所必争之地，谋晦②以全身，谋晦以建功，此又谋晦之大者也。

——节选自杨慎《韬晦术》

一、注解

①居：处在。

②晦：隐藏。

二、译文

身处大家都想要抢夺的位置，通过谋晦的手段来保全自己，来建功立业，这才是谋晦的大家。

三、要领

《明史·朱升传》记载，朱元璋采纳朱升的建议，以"高筑墙、广积粮、缓称王"九字方略为创基立国的策略，建立了大明帝国。九字方略的意思是：

"高筑墙"：高筑城池，意指建立根据地，提高军事实力，稳固自己的地盘。

"广积粮"：多方积聚粮食，意指发展经济，增强经济实力。

"缓称王"：暂缓称王，意指不要急于称王建国，以免树大招风，引起围攻，四面受敌。

这里体现的是对老子"三宝"中的"第三宝"——"不敢为天下先"的经典运用。

四、选读

（一）节选自陆九渊《常胜之道曰柔论》

天下有常胜之道，有不常胜之道。常胜之道曰柔，常不胜之道曰强。

意思是：

天下有经常取胜的方法，有经常不能取胜的方法。经常取胜的方法叫作柔弱，经常不能取胜的方法叫作刚强。

（二）节选自金缨《格言联璧》

世事让三分天宽地阔，心田存一点子种孙耕。

意思是：

为人处世要讲究谦逊，凡事多让他人三分，就能开辟宽广的生存之路；心田之中常留存一点善良和余地，让子孙后代效法继承。

（三）节选自陈继儒《小窗幽记》

宠辱不惊，看庭前花开花落；

去留无意，望天上云卷云舒。

意思是：

对待荣誉和委屈要像花开花落般平常，才能达到"不惊"的境界；

对待地位和职务要像云卷云舒般自然，才能达到"无意"的境界。

第四讲
天下达德智仁勇

【堂正人格】核心提示: 智、仁、勇 "三达德" 是君子人格的修养标准。

第一节　经　典

【堂正人格】核心提示：天下之达德是修身、治人、治天下国家的要诀。

知、仁、勇三者，天下之达德①也。

——节选自孔伋《中庸》

一、注解

①达德：到处可通行的重要德性。

二、译文

智慧、仁爱、勇敢，这三种是遍行天下的美德。

三、要领

好学近乎知，力行近乎仁，知耻近乎勇。

——节选自孔伋《中庸》

意思是：

爱好学习就接近智慧了，努力实践（指行仁）就接近仁爱了，知道廉耻就接近勇敢了。

四、选读

（一）节选自《论语·子罕篇第九》

子曰："知者不惑，仁者不忧，勇者不惧。"

意思是：

孔子说："智慧的人不会迷惑，仁德的人不会烦忧，勇敢的人不会畏惧。"

（二）节选自孙武《孙子兵法·始计篇》

将者，智、信、仁、勇、严也。

这是孙子提出的"为将五德"，意思是：

所谓将帅，就是要考察他是否具有足智多谋、言而有信、关爱部下、勇猛果断、治军严明等素质和能力。

（三）节选自《管子·牧民·四维》

国有四维，一维绝则倾，二维绝则危，三维绝则覆，四维绝则灭。倾可正也，危可安也，覆可起也，灭不可复错也。何谓四维？一曰礼，二曰义，三曰廉，四曰耻。礼不逾节，义不自进，廉不蔽恶，耻不从枉。故不逾节，则上位安；不自进，则民无巧诈；不蔽恶，则行自全；不从枉，则邪事不生。

意思是：

治理国家的根本在于四维。缺了一维，国家就倾斜；缺了两维，国家就危险；缺了三维，国家就倾覆；缺了四维，国家就会灭亡。倾斜可以扶正，危险可以挽救，倾覆可以再起，只有灭亡了，那就不可收拾了。什么是四维呢？一是礼，二是义，三是廉，四是耻。有礼，人们就不会超越应守的规范；有义，就不会妄自求进；有廉，就不会掩饰过错；有耻，就不会趋从坏人。人们不越出应守的规范，为君者的地位就安定；不妄自求进，就不会巧谋欺诈；不掩饰过错，行为就自然端正；不趋从坏人，邪乱的事情也就不会发生了。

第二节 延 伸

【堂正人格】核心提示：英雄征服天下，圣人征服自己。

知人者智，自知者明。胜人者有力，自胜者强。知足者富，强行①者有志。不失②其所③者久，死而不亡者寿。

——节选自老子《道德经》

一、注解

①强行：坚持力行。

②失：丧失，引申为违背。

③其所：他所凭借的。

二、译文

能了解他人的人是聪明的，能了解自己的人是明智的。能战胜别人的人是有力量的，能战胜自己的人更加强大。知道满足的人才是富有的人，坚持力行的人有志向。不丧失本分的人就能长久，身虽死而精神永存的人，才是真正的长寿。

三、要领

故智者之养生也，必顺四时而适寒暑，和喜怒而安居处，节阴阳而调刚柔。如是则僻邪不至，长生久视。

——节选自《黄帝内经·灵枢·本神》

意思是：

因此，明智之人的养生方法，必定顺应四时寒暑气候的变化，调和喜怒而安定起居，节制阴阳之偏而调谐刚柔。像这样，才不致被虚邪贼风所侵袭，可以长生不老。

四、选读

（一）选自苏轼《洗儿诗》

人皆养子望聪明，我被聪明误一生。

唯愿孩儿愚且鲁，无灾无难到公卿。

意思是：

所有人养孩子都希望自己的孩子聪明，我却因为聪明反被聪明误。

但愿我的孩子愚鲁一点，能平平安安地做到公卿。

这里的"愚且鲁"是指大智若愚。

（二）选自石屋《裁缝诗》

手携刀尺走诸方，线去针来日日忙。

量尽前人长与短，自家长短几时量？

意思是：

裁缝为了帮别人做衣服，经常拿着剪刀尺子四处奔走，每天都在一针一线之间忙碌。

虽然量尽了别人衣服的长短，但是又于何时丈量自身的长短呢？

所谓照人先照己，责人先责己；量人先量己，称人先称己。

（三）选自无门慧开禅师《春有百花秋有月》

春有百花秋有月，夏有凉风冬有雪。

若无闲事挂心头，便是人间好时节。

意思是：

一年四季，每个季节都有每个季节的美，春天百花盛开，秋天月光皎洁，夏天凉风习习，冬天雪花纷飞。

如果没有闲事烦心，没有忧思悲恐惊缠绕心田，那么每年每季每天都将是人间最好的时节。

第三节 修 饰

修饰一

凡①人进德修业②，事事从读书起。

——节选自康熙《庭训格言》

一、注解

①凡：但凡，凡是。

②进德修业：提高道德修养，建功立业。

二、译文

但凡人要提高道德修养，建功立业，都是从读书开始的。

三、要领

读书见一件好事，则便思量吾将来必定要行；见一件不好的事，则便思量吾将来必定要戒；见一个好人，则思量吾将来必要与他一般；见一个不好的人，则思量吾将来切休要学他。则心地自然光明正大，行事自然不会苟且，便为天下第一等好人矣。

——节选自杨继盛《杨忠愍遗笔与子应尾、应箕书》

意思是：

读书读到一件好事就要考虑，我将来一定要按照这样做；读到一件不好的事就要考虑，我将来一定不能这样做；读到一个好人就要考虑，我将来一定要以他为榜样；读到一个不好的人就要考虑，我将来一定要引以为戒。这样读书，就会养成光明正大的品格，为人处世自然不会得过且过，就会成为"天下第一等好人"了。

四、选读

读书有四重境界。

第一重境界：快读

春风得意马蹄疾，一日看尽长安花。

——节选自孟郊《登科后》

意思是：

愉快地骑着马儿奔驰在春风里，一天的时间就把长安城的美景全看完了。

在这里意指读书是一种生活方式，是愉悦的，是轻快的，甚至是不求甚解的。

全诗赏读

昔日龌龊不足夸，今朝放荡思无涯。

春风得意马蹄疾，一日看尽长安花。

第二重境界：静读

闲坐小窗读周易，不知春去几多时。

——节选自叶采《暮春即事》

意思是：

安静地坐在小窗前潜心读着《周易》，不晓得春天过去了多少时间。

这里既有读书的静态如斯，又有诗人的涵养功夫。

全诗赏读

双双瓦雀行书案，点点杨花入砚池。

闲坐小窗读周易，不知春去几多时。

第三重境界：苦读

千淘万漉虽辛苦，吹尽狂沙始到金。

——节选自刘禹锡《浪淘沙·其八》

意思是：

要经过千遍万遍的过滤，历尽千辛万苦，最终才能淘尽泥沙，得到闪闪发光的黄金。

读书人的"苦"，既有"寒窗书剑十年苦"的"苦"，又有"十有九人堪白眼"的"涩"，还有"板凳要坐十年冷"的"冷"。

第四重境界：悟读

山重水复疑无路，柳暗花明又一村。

——节选自陆游《游山西村》

意思是：

山峦重叠水流曲折正担心无路可走，忽然柳绿花艳间又出现一个山村。

读书如此，人生亦如此。

莫笑农家腊酒浑，丰年留客足鸡豚。

山重水复疑无路，柳暗花明又一村。

箫鼓追随春社近，衣冠简朴古风存。

从今若许闲乘月，拄杖无时夜叩门。

修饰二

【堂正人格】核心提示：君子成长必须经过三重境界，这是君子之仁。

子路问君子。子曰："修己①以敬②。"

曰："如斯而已乎？"曰："修己以安人③。"

曰："如斯而已乎？"曰："修己以安百姓④。修己以安百姓，尧、舜其犹病⑤诸⑥！"

——节选自《论语·宪问》

一、注解

①修己：提高自身修养。

②敬：严肃恭敬。

③安人：使别人安乐。

④安百姓：使百姓安乐。

⑤病：难。

⑥诸：之于的合音。

二、译文

子路问怎样做才能成为君子。孔子说："修养自己，做到严肃恭敬的态度。"

子路问："像这样就可以了吗？"孔子说："提高自身修养，使周围的人们安乐。"

子路又问："像这样就可以了吗？"孔子说："提高自身修养并且使百姓安乐。提高自身修养，使百姓安乐，就算是尧、舜恐怕还难以做到吧！"

三、要领

子路问成人。子曰："若臧武仲之知，公绰之不欲，卞庄子之勇，冉求之艺，文之以礼乐，亦可以为成人矣。"曰："今之成人者何必然？见利思义，见危授命，久要不忘平生之言，亦可以为成人矣。"

——节选自《论语·问宪》

意思是：

子路问怎样做才是一个完美的人。

孔子说："如果具有臧武仲的智慧，孟公绰的克制，卞庄子的勇敢，冉求那样多才多艺，再用礼乐加以修饰，也可以算是一个完人了。"又说："现在的完人何必一定要这样呢？见到财利能够想一想是否合乎道义，遇到危险能献出生命，长久处于困顿之境还不忘平日的诺言，这样也可以成为一个完美的人。"

（一）节选自司马迁《史记·齐太公世家》

周西伯昌之脱羑里归，与吕尚阴谋修德以倾商政，其事多兵权与奇计，故后世之言兵及周之阴权皆宗太公为本谋。

意思是：

周西伯姬昌从羑里脱身回来之后，便暗中和姜太公谋划施行德政以推翻商朝政权，其中很多都是用兵的权谋和奇计。所以后代谈论用兵之道和周朝所使用的秘计权谋都尊法太公的基本策略。

（二）节选自陈寿《隆中对》

先主解之曰："孤之有孔明，犹鱼之有水也。"

意思是：

刘备劝解他们说："我有了孔明，就像鱼得到水一样。"

（三）节选自司马迁《史记·高祖本纪》

夫运筹策帷幄之中，决胜于千里之外，吾不如子房。

意思是：

汉高祖刘邦说："在小小的军帐之内作出正确的部署，决定了千里之外战场上的胜利，我比不上子房。"

（四）节选自张廷玉《明史·刘基传》

帝每恭己以听，常呼为老先生而不名，曰："吾子房也。"

意思是：

皇帝每次都是谦恭地细听，常常称呼刘基为"老先生"而不直呼姓名，并对人说："刘基就是我的子房。"

修饰三

【堂正人格】核心提示：改革家之勇影响了中国历史的进程，这是君子之勇。

治世不一道①，便国②不法古。

——节选自商鞅《商君书·更法》

一、注解

①道：方法。

②便国：为国家谋利益。

二、译文

治理国家不要只用一种方法，只要为国家谋利益，就不必效仿古法。

三、要领

大丈夫既以身许国家，许知己，唯鞠躬尽瘁而已，他复何言。

——节选自张居正《答上师相徐存斋》

意思是：

大丈夫既然已经把身心献给了国家、献给了知己，只有勤勤恳恳忘我奋战而已，别的还有什么可说的！

（一）节选自司马迁《史记·孙子吴起列传》

山河之固，在德不在险。

意思是：

国家政权的稳固在于施德于民，而不在于地理形势的险要。

（二）节选自《宋史·王安石列传》

天变不足畏，祖宗不足法，人言不足恤。

意思是：

天象的变化不必畏惧，祖宗的规矩不一定效法，人们的议论也不需要担心。

（三）节选自康有为《出都留别诸公》

抚剑长号归去也，千山风雨啸青锋。

意思是：

自己抚剑长啸回归故里，将在千山风雨中再图变法之路。

全诗赏读

天龙作骑万灵从，独立飞来缥缈峰。

怀抱芳馨兰一握，纵横宙合雾千重。

眼中战国成争鹿，海内人才孰卧龙。

抚剑长号归去也，千山风雨啸青锋。

第五讲

内圣外王达至善

【堂正人格】核心提示："内圣外王"是人格理想与政治理想的高度统一，实际上是儒、佛、道共同的心法，是中华民族五千多年思想的核心。

第一节 经典

【堂正人格】核心提示："内圣外王"之道，也叫"内明外用"之学，是古代中国哲学的核心所在。

是故内圣外王①之道，暗而不明，郁而不发，天下之人各为其所欲焉以自为方。

——节选自《庄子·天下》

一、注解

①内圣外王：内具有圣人的才德，对外施行王道。

二、译文

所以，"内圣外王"的道理不明确，思路阻滞不通畅，天下人多追求其所好，并把偏执的看法当作完美的方法和论述。

三、要领

大学之道，在明明德，在亲民，在止于至善。知止而后有定，定而后能静，静而后能安，安而后能虑，虑而后能得。物有本末，事有终始。知所先后，则近道矣。

古之欲明明德于天下者先治其国，欲治其国者先齐其家，欲齐其家者，先修其身，欲修其身者先正其心，欲正其心者先诚其意，欲诚其意者先致其知，致知在格物。物格而后知至，知至而后意诚，意诚而后心正，心正而后身修，身修而后家齐，家齐而后国治，国治而后天下平。

自天子以至于庶人，一是皆以修身为本。其本乱而末治者，否矣。其所厚者薄，而其所薄者厚，未之有也。此谓知本，此谓知之至也。

——节选自戴圣《礼记·大学》

意思是：

《大学》的宗旨，在于弘扬高尚的德行，在于关爱人民，在于达到最高境界的善。知道要达到"至善"的境界方能确定目标，确定目标后方能心地宁静，心地宁静后方能安稳不乱，安稳不乱后方能思虑周详，思虑周详后方能达到"至善"。凡物都有根本有末节，凡事都有终端有始端。知道了它们的先后次序，就与《大学》的宗旨相差不远了。

在古代，意欲将高尚的德行弘扬于天下的人，则先要治理好自己的国家；意欲治理好自己国家的人，则先要调整好自己的家庭；意欲调整好自己家庭的人，则先要修养好自身的品德；意欲修养好自身品德的人，则先要端正自己的心意；意欲端正自己心意的人，则先要使自己的意念真诚；意欲使自己意念真诚的人，则先要获取知识；获取知识的途径则在于探究事理。探究事理后才能获得正确认识，认识正确后才能意念真诚，意念真诚后才能端正心意，心意端正后才能修养好品德，品德修养好后才能调整好家庭，家庭调整好后才能治理好国家，国家治理好后才能使天下太平。

从天子到普通百姓，都要把修养品德作为根本。人的根本败坏了，末节反倒能调理好，这是不可能的。正像我厚待他人，他人反而慢待我；我慢待他人，他人反而厚待我这样的事情，还未曾有过。这就叫知道了根本，这就是认知的最高境界。

《大学》提出了实现"内圣外王"之道的"三纲领"和"八条目"，构成了一套修己治人的道德修养体系，使人逐渐完善人格并对社会作出贡献。

"三纲领"是"明明德""亲民""止于至善"。

"八条目"是"格物""致知""诚意""正心""修身""齐家""治国""平天下"。

"内圣外王"就在"八条目"中："内圣"包括"格物""致知""诚意""正心""修身"，其中"格物""致知"是对事物的研究和获得真理的过程，"诚意""正心"是要求真诚、走正道，"修身"是从知识到品行的全面提高。"外王"包括"齐家""治国""平天下"，其中"齐家"是善于处理好家庭或家族内部的关系，实现家和万事兴，"治国"和"平天下"是"齐家"合乎逻辑的扩大和延伸。

国学大师南怀瑾在《原本大学微言》中认为，《大学》一书的纲目应该有"四纲""七证""八目"才对。"大学之道"的"道"应该是首纲，所以变成"四纲"。在"四纲"之后的"知、止、定、静、安、虑、得"，是七个求证大道与明德的学问程序，也可以说是求证大道的学养步骤，这就是"七证"。"八条目"不变。

大学教育的目标就由三个变成了四个：第一个是悟"道"，悟万事万物发展规律之道；第二个是"明明德"，从自己的内心出发，挖掘和发扬光明的道德品行；第三个是"亲民"，要推己及人，使自己和帮助别人成为有知识、有道德的人；第四个是"止于至善"，直至达到最完善的境界。

四、选读

（一）节选自《庄子·天下》

圣有所生，王有所成，皆原于一。

意思是：

玄圣有他诞生的原因，圣王也有他出现的根由，全都源于一（指宇宙万物本体的"道"）。

（二）节选自《孟子·尽心下》

孟子曰："可欲之谓善，有诸己之谓信，充实之谓美，充实而有光辉之谓大，大而化之之谓圣，圣而不可知之之谓神。"

意思是：

孟子说："值得喜爱的行为，叫作善；自己确实做到善，叫作真；完完全全做到善，叫作美；完完全全做到善，并且发出光辉照耀别人，叫作大；发出光辉并且产生感化群众的力量，叫作圣；圣到人们无法理解的程度，叫作神。"

（三）选自惠能大师《无相颂》

心平何劳持戒，行直何用修禅。

恩则孝养父母，义则上下相怜。

让则尊卑和睦，忍则众恶无喧。

若能钻木出火，淤泥定生红莲。

苦口的是良药，逆耳必是忠言。

改过必生智慧，护短心内非贤。

日用常行饶益，成道非由施钱。

菩提只向心觅，何劳向外求玄。

听说依此修行，西方只在目前。

意思是：

心常平静何须严持戒律，心常正直何须修定参禅。

对父母要感恩孝养，对年长年少都能关心爱护。

对尊卑一视同仁、和睦相处，忍耐别人的过失而不宣扬斥责。

如同钻木取火一般持之以恒，定能生出出淤泥而不染的莲花。

良药苦口，忠言逆耳。

改掉过失定能增长智慧，掩饰过错并非贤善。

在日常生活中多做善事，觉悟不是通过布施钱财获得的。

大智慧只可向内心寻觅，不可向心外求得玄妙之法。

告诉大家依此方法修行，当下就到达智慧的彼岸了。

第二节　延　伸

【堂正人格】核心提示：发自内心的真诚是"内圣外王"的核心要求。

　　唯①天下至诚，为能尽其性②；能尽其性，则能尽人之性；能尽人之性，则能尽物之性；能尽物之性，则可以赞③天地之化育；可以赞天地之化育，则可以与天地参④矣。

　　　　　　　　　　　　　　　　　——节选自戴圣《礼记·中庸》

一、注解

①唯：只有，独。

②尽其性：充分发挥自己的天赋本性。

③赞：帮助。

④与天地参：与天地并立。参，并立。

二、译文

　　只有天下最真诚的人，才能充分发挥自己天赋的本性；能充分发挥自己天赋的本性，才能充分发挥其他人天赋的本性；能充分发挥其他人天赋的本性，才能充分发挥万物的本性；能充分发挥万物的本性，就可以帮助天地化育万物，可以与天地匹配，并立为天地人三（才）了。

三、要领

君子黄中通理，正位居体，美在其中而畅于四支，发于事业，美之至也。

——节选自《周易》

这是解释坤卦六五爻的《文言》，意思是：

君子内怀美德，通达事理，端正位置，秉守仪礼，美德在心中，外现在四肢上，发扬在事业上，美德真是达到了极致啊。

四、选读

（一）节选自《孟子·离娄章句上》

诚者，天之道也；思诚者，人之道也。

意思是：

真诚是自然之理，心地真诚是为人处世之理。

（二）节选自薛瑄《读书录》

处己、事上、临下，皆当如诚为主。

意思是：

衡量自己，服务上级，领导下属，都应当一概以真诚为准则。

（三）节选自顾图河《任运》

百虑输一忘，百巧输一诚。

意思是：

考虑再周密，若有一处疏忽就可能失败；技艺再精巧，若缺乏真诚也无法成功。

第三节 修 饰

修饰一

【堂正人格】核心提示：家国天下是"内圣外王"的深刻情怀。

一室之不治，何以天下家国为①?

——节选自刘蓉《习惯说》

一、注解

①何……为：哪里还谈得上……

二、译文

连一间屋子都管理不好，如何还能治理国家？

三、要领

风声雨声读书声声声入耳；

家事国事天下事事事关心。

——选自顾宪成题东林书院名联

意思是：

上联将读书声和风雨声融为一体，既有诗意，又有深意。下联有齐家治国平天下的雄心壮志。"风"对"雨"，"家"对"国"，"耳"对"心"，极其工整，特别是连用叠字，如闻书声琅琅。

这副对联至今仍有启迪教育意义：读书人不仅要读好书，还要关心国家，关心政治，关心天下之事，多用心体会世间百态，而不要死读书。

四、选读

（一）节选自司马迁《史记·卫将军骠骑列传》

匈奴未灭，何以家为？

意思是：

匈奴还没有被完全消灭，治家业做什么？！

（二）节选自葛洪《抱朴子·外篇·广譬》

烈士之爱国也如家。

意思是：

有抱负、有气节的志士，热爱祖国就像热爱自己的家一样。

（三）选自海瑞自勉联

干国家事，读圣贤书。

意思是：

读好圣贤书，继承圣贤的德行和才能，是为了报效国家，为国家建功立业。

修饰二

【堂正人格】核心提示：济世救民是"内圣外王"的崇高境界。

安得①广厦②千万间，大庇③天下寒士④俱⑤欢颜⑥，风雨不动安如山。

——节选自杜甫《茅屋为秋风所破歌》

一、注解

①安得：如何能得到。

②广厦：宽敞的大屋。

③大庇：全部遮盖、掩护起来。庇，遮盖，掩护。

④寒士："士"原指士人，即文化人。此处泛指贫寒的士人。

⑤俱：都。

⑥欢颜：喜笑颜开。

二、译文

如何能得到千万间宽敞的大屋，普遍地庇覆天底下贫寒的读书人，让他们开颜欢笑，房子在风雨中也不为所动，安稳得像山一样？

三、要领

上以疗君亲之疾，下以救贫贱之厄，中以保身长全，以养其生。

——节选自张仲景《伤寒论·序》

意思是：

以便对上治疗国君和父母的疾病，对下用来解救贫苦人的病灾和困苦，对自己用来保持身体长久健康，以保养自己的生命。

后来民间形成了饱含济世救民思想的两句话：

进则救世，退则救民。不能为良相，亦当为良医。

四、选读

（一）节选自罗贯中《三国演义》

愿先生以天下苍生为念，开备愚鲁而赐教。

意思是：

希望先生能以天下百姓为自己的挂念，开导愚笨的我，给我教授治国的道理。

（二）节选自李世民《还陕述怀》

慨然抚长剑，济世岂邀名。

意思是：

刚刚经历了南征北战，不禁手抚腰间的长剑慨然长叹。这一切都是为济世救民，而不是为了争名夺利。

全诗赏读

慨然抚长剑，济世岂邀名。

星旂纷电举，日羽肃天行。

遍野屯万骑，临原驻五营。

登山麾武节，背水纵神兵。

在昔戎戈动，今来宇宙平。

（三）节选自李白《梁园吟》

东山高卧时起来，欲济苍生未应晚。

意思是：

就像当年谢安东山高卧一样，一旦时机已到，再起来大济苍生，时犹未晚。

这是古代读书人共同的人格理想。

修饰三

【堂正人格】核心提示：精忠报国是"内圣外王"的最终归宿。

苟利国家生死以①，岂因祸福避趋之。

——节选自林则徐《赴戌登程口占示家人》

一、注解

①生死以："以"的意思是用、把、拿。"生死以"是介宾结构"以生死"的倒装，把宾语"生死"提到介词"以"的前面，直译是"用牺牲自己的生命（去换取）"。

值得注意的是，在汉语中凡是用两个相反意义的字联合组成的词语，往往其中只有一个字是真正的意义所在。在这首诗的"生死"一词中，重点的、真正的意义是"死"，"生"字只是用来构成偏义复词，是陪衬；"祸福"的重点和真正的意义是"祸"，"福"只是陪衬。

二、译文

只要对国家有利，即使牺牲自己的生命也心甘情愿，怎么能因为有福祉就追求，有祸患就避开呢？

三、要领

文臣不爱钱，武臣不惜死，天下太平矣。

——节选自《宋史·岳飞传》

意思是：

如果文官能够廉洁从政，武官能够视死如归，那么国家就可以太平昌盛了。

四、选读

（一）选自陆游《示儿》

死去元知万事空，但悲不见九州同。

王师北定中原日，家祭无忘告乃翁。

意思是：

我本来知道，当我死后，人间的一切就都和我无关了；但唯一使我痛心的，就是我没能亲眼看到祖国的统一。

当大宋军队收复了中原失地的那一天到来之时，你们举行家祭，千万别忘记把这好消息告诉你们的父亲！

（二）选自谭嗣同《狱中题壁》

望门投止思张俭，忍死须臾待杜根。

我自横刀向天笑，去留肝胆两昆仑。

意思是：

希望变法的同仁们也会像东汉末年的张俭一样，得到拥护变法的人们的接纳和保护。希望你们能像东汉末年的杜根那样，忍死求生，坚持斗争。

只要大家能够脱险，我谭某自当从容地面对带血的屠刀，冲天大笑。无论是就义的还是脱险的同仁都像昆仑山的两座奇峰一样，比肩并秀，各领千秋风骚。

（三）节选自大慧宗杲《示成机宜》

菩提心则忠义心也，名异而体同。但此心与义相遇，则世出世间一网打就，无少无剩矣。

意思是：

佛家的智慧与儒家的忠义是一样的，两者只是名称不同而已，如果将二者统一起来，出世和入世就统合为一，没有分离了。

第六讲

正气自然大丈夫

【堂正人格】核心提示：孟子倡导的"大丈夫"精神是中国精神的脊梁，是中华民族最闪亮的光点，是中华民族之魂。

第一节 经典

【堂正人格】核心提示：大丈夫心有天下。

居天下之广居①，立②天下之正③位，行天下之大道④。得志⑤，与民由⑥之；不得志，独行其道⑦。富贵不能淫⑧，贫贱不能移⑨，威武不能屈⑩，此之谓大丈夫。

——节选自《孟子·滕文公下》

一、注解

①第一个"居"：居住。第二个"居"：居所，住宅。

②立：站，站立。

③正：正大。

④大道：光明的大道。

⑤得：实现。志：志向。

⑥由：遵循。

⑦独：独自。行：固守，坚持。道：原则，行为准则。独行其道：独自走自己的道路。

⑧淫：使惑乱、迷乱。

⑨移：使改变、动摇。

⑩屈：使屈服。

对于"广居""正位""大道"，朱熹注释为：广居，仁也；正位，礼也；大道，义也。

二、译文

居住在天下最宽广的住宅"仁"里，站立在天下最正确的位置"礼"上，行走在天下最宽广的道路"义"上。能实现理想时，就同人民一起走这条正道；不能实现理想时，就独自行走在这条正道上。富贵不能使他的思想迷乱，贫贱不能使他的操守动摇，威武不能使他的意志屈服，这才叫作有志气、有作为的大丈夫。

三、要领

恻隐之心，仁之端也；羞恶之心，义之端也；辞让之心，礼之端也；是非之心，智之端也。人之有是四端也，犹其有四体也。

——节选自《孟子·公孙丑上》

意思是：

同情心是仁的开端，羞耻心是义的开端，谦让心是礼的开端，是非心是智的开端。人有这四种开端，就像他有四肢一样。

四、选读

（一）节选自《孟子·尽心上》

得志，泽加于民；不得志，修身见于世。穷则独善其身，达则兼善天下。

意思是：

得志时，施给人民恩泽；不得志时，修养品德立身在世。穷困时独自保持自己的善性，得志时还要使天下的人保持善性。

（二）节选自王诩《鬼谷子》

小人谋身，君子谋国，大丈夫谋天下。

意思是：

小人目光短浅只知道谋取自身的利益，只会为了自身的利益而行动；君子是为了国家的利益而行动处事；大丈夫则是为了天下的利益行动处事，不拘于个人利益，目光远大。

（三）节选自《晋书·石勒载记》

大丈夫行事，当磊磊落落，如日月皎然。

意思是：

大丈夫做事，应当光明磊落，像日月一样洁净明亮。

（四）节选自范晔《后汉书·列传·宣张二王杜郭吴承郑赵列传》

大丈夫当雄飞，安能雌伏！

意思是：

大丈夫定当自强建功，哪里能消极屈服！

（五）节选自罗贯中《三国演义》

大丈夫处世，不能立功建业，不几与草木同腐乎！

意思是：

大丈夫活在世上，不能建功立业，跟腐朽的木头或者腐败的稻草有什么分别呢！

（六）节选自吕坤《呻吟语》

大刀阔斧是丈夫见识。

意思是：

大丈夫见多识广，说话做事刚毅果断。

（七）节选自李渔《蜃中楼》

大丈夫做事，雷厉风行。

意思是：

大丈夫做事要像打雷那样猛烈，像刮风那样迅速。

第二节　延　伸

【堂正人格】核心提示：大丈夫正气凛然。

我善养吾浩然①之气。

——节选自《孟子·公孙丑上》

一、注解

①浩然：盛大而流动的样子。

二、译文

我善于培养自己的浩然之气。

三、要领

其为气也，至大至刚，以直养而无害，则塞于天地之间。其为气也，配义与道。无是，馁也。是集义所生者，非义袭而取之也。行有不慊于心，则馁矣。

——节选自《孟子·公孙丑上》

意思是：

这种气，极端浩大，极端有力量，用正直去培养它而不加以伤害，就会充满天地之间。不过，这种气必须与仁义道德相配，否则就会缺乏力量。而且必须有经常性的仁义道德蓄养才能生成，而不是靠偶尔的正义行为就能获取的。一旦你的行为问心有愧，这种气就会缺乏力量了。

四、选读

（一）节选自《晋书·祖逖传》

祖逖不能清中原而复济者，有如大江！

意思是：

若不能平定中原，收复失地，自己就像这大江之水一样有去无回！

（二）节选自陆游《次韵和杨伯子主簿见赠》

谁能养气塞天地，吐出自足成虹霓。

意思是：

谁能将涵养的正气充塞天地之间，运笔行文就能像彩虹一样光彩照人。

（三）节选自文天祥《正气歌》

是气所磅礴，凛烈万古存。

当其贯日月，生死安足论。

意思是：

这种浩然之气充塞于宇宙乾坤，正义凛然不可侵犯而万古长存。

当这种正气直冲霄汉贯通日月之时，活着或死去根本用不着去谈论！

第三节 修 饰

修饰一

【堂正人格】核心提示：艰难困苦是大丈夫的磨刀石。

故天将降大任于是人也，必先苦①其心志，劳②其筋骨，饿③其体肤，空乏其身，行拂乱其所为，所以动心忍性，曾④益其所不能。

——节选自《孟子·告子下》

一、注解

①苦：使……受苦。

②劳：使……受劳累。

③饿：使……挨饿。

④曾：通"增"，增加。

二、译文

所以，上天将要把重大使命降临到这样的人身上，一定要先使他的意志受到磨炼，使他的筋骨受到劳累，使他的身体忍饥挨饿，使他备受穷困之苦，做事总是不能顺利。这样来震动他的心志，坚韧他的性情，增长他的才能。

三、要领

知行知止唯贤者，能屈能伸是丈夫。

——节选自邵雍《代书寄前洛阳簿陆刚叔秘校》

意思是：

知道什么该做，什么不该做，只有贤人才做得到；能忍让受辱，能施展才能，才是大丈夫。

四、选读

（一）节选自《孟子·告子下》

舜发于畎亩之中，傅说举于版筑之间，胶鬲举于鱼盐之中，管夷吾举于士，孙叔敖举于海，百里奚举于市。

意思是：

舜从田野耕作中被起用，傅说从筑墙劳作中被起用，胶鬲从贩鱼卖盐中被起用，管仲从狱官手里被释放出来得到起用，孙叔敖从海滨隐居的地方被起用，百里奚从市场上被起用。

（二）节选自朱衮《观微子》

君子忍人所不能忍，容人所不能容，处人所不能处。

意思是：

有修养的人要具备过人的忍耐性、度量和克制自己的能力。

（三）节选自《警世贤文》

宝剑锋从磨砺出，梅花香自苦寒来。

意思是：

宝剑的锐利刀锋是从不断的磨砺中得到的，梅花飘香来自它度过了寒冷的冬季。

修饰二

【堂正人格】核心提示：舍生取义是大丈夫的英雄气概。

　　生，亦①我所欲②也；义，亦我所欲也；二者不可得兼③，舍④生而取⑤义者也。

——节选自《孟子·告子上》

一、注解

①亦：也。

②欲：喜爱。

③得兼：两种东西都得到。

④舍：舍弃。

⑤取：选取。

二、译文

　　生命是我想拥有的，正义也是我想拥有的；如果不能两样都拥有，我就舍弃生命而坚持正义。

三、要领

　　大丈夫行事，论是非，不论利害；论顺逆，不论成败；论万世，不论一生。

——节选自黄宗羲《宋元学案》

意思是:

大丈夫做事,讲的是是非对错,不讲有利还是有害;讲的是顺情理还是逆情理,不讲成功还是失败;讲的是万世流芳,不讲一生富贵荣华。

四、选读

(一)节选自李百药《北齐书·元景安传》

大丈夫宁可玉碎,不为瓦全。

意思是:

大丈夫宁可做玉器被打碎,也不愿做陶器得保全!比喻宁可为正义事业而死,也不愿屈辱地活下去。

(二)节选自杨继盛《杨忠愍公集》

铁肩担道义,辣手著文章。

这是杨继盛临刑前写下的千古名联,意思是:

坚实的双肩担负起世间的正道情义,灵巧的双手书写出长久流传的诗文篇章。

(三)节选自龚自珍《己亥杂诗之一》

青山处处埋忠骨,何须马革裹尸还。

意思是:

河山千里到处都可以埋葬忠义壮士的遗体,何必考虑用马革包裹将遗体运回家乡安葬。

修饰三

【堂正人格】核心提示：守道待时是大丈夫的处世智慧。

是以大丈夫处①其厚②，不居其薄③；处其实④，不居其华⑤。

——节选自老子《道德经》

一、注解

①处：处世。

②厚：忠厚，忠信。

③薄：浅薄。

④实：指"道"。

⑤华：浮华，虚华。

二、译文

大丈夫立身敦厚，不居于浅薄；存心朴实，不居于虚华。

三、要领

是故大丈夫恬然无思，澹然无虑；以天为盖，以地为舆，四时为马，阴阳为御；乘云凌霄，与造化者俱；纵志舒节，以驰大区；可以步而步，可以骤而骤；令雨师洒道，使风伯塌尘；电以为鞭策，雷以为车轮；上游于霄雿之野，下出于无垠之门。刘览偏照，复守以全；经营四隅，还反于枢。

——节选自刘向《淮南子·原道训》

意思是：

所以大丈夫恬静坦荡，无思无虑；他们以天穹为车盖，以大地为车厢，以四季作良马，以阴阳为车夫；乘着白云冲上九霄，与自然造化同行；放开思绪，随心舒性地驰骋在天宇中；可缓行则缓行，可疾驰则疾驰；喝令雨师清洒道路，呼唤风伯扫除尘埃；用闪电作鞭子，借风雷为车轮；向上遨游在虚廓高渺地方，往下出入于无所边际门户。虽然观览照视高渺之境，但是始终保守着纯真；虽然周游经历四面八方，但是仍然返还"道"之根本。

四、选读

（一）节选自李寿卿《伍员吹箫·第三折》

大丈夫一言既出，驷马难追，岂有翻悔之理！

意思是：

大丈夫说出的话，就是用套上四匹马的马车也拉不回来，怎么会有后悔的道理！

（二）节选自白居易《与元九书》

大丈夫所守者道，所待者时。

意思是：

大丈夫所坚持的是道义，所等待的是时机。

一个正人君子内心有道义的准则，时机来了，就大展宏图，实现自己的抱负；如果时运不济，就独善其身，但不会意志消沉或为非作歹。

（三）节选自《六祖坛经》

祖知悟本性，谓惠能曰："不识本心，学法无益。若识自本心，见自本性，即名丈夫、天人师、佛。"

意思是：

弘忍大师听完惠能的心得，知道惠能已悟自性，便对惠能说："不能认识自己的本心，即使学到再多佛法也没什么好处。如果认识到自己的本心，识见了自己的本性，就是大丈夫、天人师和佛。"

第七讲
横渠四句万代志

【堂正人格】核心提示：一个堂堂正正的中国人定然有一个堂堂正正的理想。

第一节　经　典

【堂正人格】核心提示："横渠四句"是中国古代文人士大夫的最高理想。

为天地立心①，为生民立命②，为往圣③继绝学④，为万世开太平⑤。

——节选自张载《横渠语录》

一、注解

①立心：建立以仁义道德为核心的精神价值系统。

②立命：确立正确的生命意义。

③往圣：历史上的圣人。

④绝学：绝世之学。

⑤太平：古代"太平""大同"等社会政治理想。

二、译文

为社会重建以仁义道德为核心的精神价值系统。

为民众选择正确的命运方向，确立生命的意义。

为前圣继承绝世之学统。

为万世开拓太平之基业。

三、要领

朱新仲舍人常云："人生天地间，寿夭不齐，姑以七十为率：十岁为童儿，父母膝下，视寒暖燥湿之节，调乳哺衣食之宜，以须成立，其名曰生计；二十为丈夫，骨强志健，问津名利之场，秣马厉兵，以取我胜，如骥子伏枥，意在千里，其名曰身计；三十至四十，日夜注思，择利而行，位欲高，财欲厚，门欲大，子息欲盛，其名曰家计；五十之年，心怠力疲，俯仰世间，智术用尽，西山之日渐逼，过隙之驹不留，当随缘任运，息念休心，善刀而藏，如蚕作茧，其名曰老计；六十以往，甲子一周，夕阳衔山，倏尔就木，内观一心，要使丝毫无慊，其名曰死计。"朱公每以语人，以身计则喜，以家计则大喜，以老计则不答，以死计则大笑，且曰："子之计拙也。"朱既不胜笑者之众，则亦自疑其计之拙，曰："岂皆恶老而讳死邪？"因为南华长老作《大死庵记》，遂识其语。予之年龄逾七望八，当以书诸绅云。

——节选自洪迈《容斋随笔·人生五计》

意思是：

舍人朱新仲经常说："人生活在天地之间，寿命的长短不同，姑且以七十岁为准：十岁算是儿童，跟随在父母身旁，天气的寒暖燥湿稍微发生点变化，父母都得替孩子操心，衣食住行都由父母安排，直到长大成人，这叫生计。二十岁时就已算是成人，筋骨强健，志向高远，开始进入追逐名利的社会，秣马厉兵，以争取事业上的成功，就像是千里驹虽然屈服槽枥，却想着有朝一日驰骋千里，这叫身计。三十到四十岁之间，日夜苦思，就会选择对自己有利的事情去做，想要当上更高的官位，获得更多的钱财，门第越大，子孙兴盛，这叫家计。五十岁时，心与力都已经疲惫不堪，俯仰人世间，自己的聪明才智已经施展殆尽，死亡的日子渐渐逼近，时间就像过隙白驹一样，稍纵即逝，一去不复返，此时只能听从命运的安排，收起追逐名利之心，藏起在名利场上拼杀的工具，就像蚕作茧一样把自己保护起来，这叫老计。六十岁以后，人生已过了一个甲子，生命就像夕阳衔山一样很快要朽木入土了，这时应静心修养，安宁度日，要使一生不留遗憾，这叫死计。"朱新仲先生每次把这些话讲给其他人听时，听者的心情都随时发生变化，听到身计就会喜笑颜开，听到家计就会欣喜若狂，听到老计就会沉默不语，听到死计则哈哈大笑，并对朱新仲说："你的'五计'太笨拙了。"很多人都因此笑话他，就连朱新仲也怀疑自己的"五计"是否太笨拙了，说："难道人们都讨厌老去而忌讳死亡吗？"我在为庄子作《大死庵记》时，才真正认识到他讲的人生的意义。那时我已是七八十岁的人了，因为对此深有感触，便把这"五计"记下来，铭刻在心中。

四、选读

（一）节选自曾国藩《曾国藩家书》

人苟能自立志，则圣贤豪杰，何事不可为？何必借助于人！"我欲仁，斯仁至矣。"我欲为孔孟，则日夜孜孜，唯孔孟之是学，人谁得而御我哉？若自己不立志，则虽日与尧舜禹汤同住，亦彼自彼，我自我矣，何与于我哉！

意思是：

人如果能自己立志，那么圣贤豪杰做的事情有什么做不到的呢？可以做，何必借助他人！孔子说："我心里想到仁，仁自然就来到了。"我想成为孔孟那样的人，就夜以继日、孜孜不倦地去学，一心钻研孔孟的学问，谁又能阻挡我呢？若是自己不立志，就是每天与尧、舜、禹、汤这些圣人居住在一起，也还是他是他，我是我，这与同自己在一起有什么不同呢！

（二）选自左宗棠题江苏无锡梅园对联

发上等愿，结中等缘，享下等福；

择高处立，寻平处住，向宽处行。

意思是：

胸怀远大抱负，只求中等缘分，过普通人生活；

看问题要高瞻远瞩，做人应低调处世，做事该留有余地。

这二十四字的精华就是即使身处劣势，也要有鸿鹄之志，大丈夫要做到立志高远，吃苦耐劳；身居高位，更要戒骄戒躁，凡事给自己留点余地，做到宽以待人。

（三）节选自释道原《景德传灯录》卷十

僧问："学人不据地时如何？"

师云："汝向什么处安身立命？"

意思是：

有僧人问景岑禅师："我修持到'无立足之处'的地步，会怎么样？"

禅师说："你已经无地可据，那你向什么处安身立命？"

（四）节选自老子《道德经》

甘其食，美其服，安其居，乐其俗。

意思是：

（让老百姓）食物甘美，衣服漂亮，居住安适，风俗称心。

第二节　延　伸

其①唯圣人乎！知进退②存亡③而不失其正者，其唯圣人乎！

——节选自《周易·乾卦》

一、注解

①其：大概。

②进退：前进、后退。

③存亡：生、死，坚持、放弃。

二、译文

大概只有圣人吧，既知道什么时候应该前进，什么时候应该后退；知道怎样才能够保证生存，怎样才能够避免死亡；知道什么情况下应该坚持，什么情况下应该放弃，又能够在任何情况下都坚持走正道的，大概只有圣人才能做得到吧！

三、要领

是故君子安而不忘危,存而不忘亡,治而不忘乱,是以身安而国家可保也。

——节选自《周易·系辞下传》

意思是:

所以,君子安逸时不忘危险,活命时不忘灭亡,太平时不忘变乱,如此生命才得以平安,国家才可以长存。

四、选读

(一)选自布袋和尚《秧插歌》

手把青秧插满田,低头便见水中天。

心地清净方为道,退步原来是向前。

意思是:

农夫一株接着一株插秧,低下头来就看到倒映在水田里的天空。

当身心不再被外界的物欲染着的时候就能与道相契了,插秧的退步原来就是工作的前进。

(二)选自龙牙《无题》

朝看花开满树红,暮看花落树还空。

若将花比人间事,花与人间事一同。

意思是:

早上鲜花怒放满树繁华,晚上花落树空美景不再。

如若将花事比人事,花开花谢如人生。

（三）选自无尽藏《嗅梅》

尽日寻春不见春，芒鞋踏破陇头云。

归来笑拈梅花嗅，春在枝头已十分。

意思是：

费尽心机，踏破芒鞋，入岭穿云，但却一直找不到春天的踪迹。

扫兴而归，却在自家园子里闻到了梅花的香味，才发现春在枝头，已经盎然十分了。

（四）节选自青原惟信禅师《指月录·卷二十八·六祖下第十四世》

老僧三十年前，未参禅时，见山是山，见水是水。及至后来亲见知识，有个入处，见山不是山，见水不是水。而今得个休歇处，依前见山只是山，见水只是水。

这是青原惟信禅师的参禅三境界：

第一重境界：见山是山，见水是水。

领悟：就像人生刚入世的时候，跋山涉水无法左右。

第二重境界：见山不是山，见水不是水。

领悟：就像人生已到不惑的阶段，穿山过水已有方法。

第三重境界：见山只是山，见水只是水。

领悟：就像人生已达从心所欲的境界，山水在我心中，为我所用。

第三节 修 饰

修饰一

【堂正人格】核心提示：刘邦的《大风歌》唱出了中国古代帝王的三大理想。

大风起兮云飞扬，威①加②海内③兮归故乡，安得④猛士兮守⑤四方⑥！

——刘邦《大风歌》

一、注解

①威：威望，权威。

②加：施加。

③海内：四海之内，即天下。

④安得：怎样得到。安：哪里，怎样。

⑤守：守护，保卫。

⑥四方：指代国家。

二、译文

大风劲吹啊浮云飞扬，我统一了天下啊衣锦还乡，怎样才能得到勇士啊，为国家镇守四方！

三、要领

帝尧者，放勋。其仁如天，其知如神。就之如日，望之如云。富而不骄，贵而不舒。黄收纯衣，彤车乘白马。能明驯德，以亲九族。九族既睦，便章百姓。百姓昭明，合和万国。

——节选自司马迁《史记·五帝本纪》

意思是：

帝尧，就是放勋。他仁德如天，智慧如神。接近他，就像太阳一样温暖人心；仰望他，就像云彩一般覆润大地。他富有却不骄傲，尊贵却不放纵。他戴着黄色的帽子，穿着黑色的衣裳，坐着朱红色的车子，拉车的都是白马。他能尊敬有善德的人，使同族九代相亲相爱。同族的人既已和睦，又去考察百官。百官政绩昭著，各方诸侯邦国都能和睦相处。

四、选读

（一）节选自范晔《后汉书·邓禹传》

于今之计，莫如延揽英雄，务悦民心，立高祖之业，救万民之命。

意思是：

为今之计，不如延揽四方英雄，务必取悦民心，建立高祖的伟业，拯救百姓万民的生命。

（二）节选自李世民《帝范·序》

朕以弱冠之年，怀慷慨之志，思靖大难，以济苍生。

意思是：

我在刚成年的时候，就立下救国救民的宏伟志向，一心想平定大乱，以解救天下百姓。

（三）节选自宋濂《朱元璋奉天讨元北伐檄文》

驱除胡虏，恢复中华，立纲陈纪，救济斯民。

意思是：

驱除胡虏，恢复中华，定立纲纪，拯救天下万民于水火之中。

（四）选自宋太祖赵匡胤一首半诗

据陈岩肖《庚溪诗话》记载，宋太祖赵匡胤一首半诗大显王者之风。

❀ 其一《咏初日》

太阳初出光赫赫，千山万水如火发。

一轮顷刻上天衢，逐退群星与残月。

意思是：

一轮红日喷薄而出，势盛光艳，普照万里河山如火光满天般壮丽。

太阳迅猛升空，驱逐了群星和残月。象征自己统一天下的雄心壮志。

❀ 其二《咏月诗》

未离海底千山墨，才到中天万国明。

此诗只有半首，意思是：

在还没有离开海底的时候千山万水都暗淡无光，等到日上中天便光芒四射，天下一片光明。意指统一天下。

四百多年后，明太祖朱元璋续完此诗：

未离海底千山墨，才到中天万国明。

朗朗浩浩照长夜，掩尽微微无数星。

滔滔宏愿因之起，挺躯来济苍生灵。

恒持此志成永志，百战问鼎开太平。

意思是：

太阳还没出来的时候河山一片暗淡，等到日上中天便光芒万丈，天下一片光明。

月光朗朗浩浩照耀着漫漫长夜，掩尽夜空中繁星点点。

由此立下慷慨宏愿，挺身而出救济天下苍生。

胸怀这个宏大志向，经过无数次的战争终于创立大明太平基业。

修饰二

【堂正人格】核心提示：文人士大夫豪情万丈酬壮志。

十步杀一人，千里不留行①。事了拂衣去，深藏身与名。

——节选自李白《侠客行》

一、注解

①十步杀一人，千里不留行：指侠客剑术高超，勇敢杀敌。出自《庄子·说剑》："臣之剑十步一人，千里不留行。"

二、译文

只需十步就可以斩杀一个敌人，纵横千里无人能挡。

完成击杀就拂衣而去，不求功名富贵只求国家安宁。

三、要领

有亡国，有亡天下。亡国与亡天下奚辨？曰："易姓改号，谓之亡国；

仁义充塞，而至于率兽食人，人将相食，谓之亡天下。……是故知保天下，然后知保其国。保国者，其君其臣肉食者谋之；保天下者，匹夫之贱与有责焉耳矣。"

——节选自顾炎武《日知录·正始》

意思是：

"亡国"与"亡天下"是两个不同的概念。"亡国"是指改朝换代，换个王朝、国号。而仁义道德得不到发扬光大，统治者虐害人民，人民之间纷争不断，称之"亡天下"。保国这类事只需由皇帝及大臣和掌握权力的人去谋划，但是天下的兴亡，则是低微的百姓也有责任。

"率兽食人"出自《孟子·梁惠王上》："率"，指带领，带着野兽来吃人，比喻统治者虐害人民。"匹夫"，古代指平民中的男子，泛指平民百姓。

这是"天下兴亡，匹夫有责"的原话，由梁启超概括成八字句型。

四、选读

（一）节选自王昌龄《从军行》

黄沙百战穿金甲，不破楼兰终不还。

意思是：

在风沙满天的恶劣环境中历经百战磨穿盔甲，发誓不打败西部的敌人绝不收兵。

全诗赏读

青海长云暗雪山，孤城遥望玉门关。

黄沙百战穿金甲，不破楼兰终不还。

（二）节选自苏轼《江城子·密州出猎》

会挽雕弓如满月，西北望，射天狼。

意思是：

奋力拉起满月雕弓，瞄向西北的敌人，勇猛射杀西夏军队。

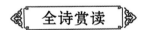
全词赏读

老夫聊发少年狂，左牵黄，右擎苍，锦帽貂裘，千骑卷平冈。为报倾城随太守，亲射虎，看孙郎。

酒酣胸胆尚开张，鬓微霜，又何妨！持节云中，何日遣冯唐？会挽雕弓如满月，西北望，射天狼。

（三）节选自李清照《夏日绝句》

生当作人杰，死亦为鬼雄。

意思是：

生时应当做人中豪杰，死后也要做鬼中英雄。

全诗赏读

生当作人杰，死亦为鬼雄。

至今思项羽，不肯过江东。

（四）节选自岳飞《满江红》

待从头，收拾旧山河，朝天阙。

意思是：

待我重新整合部队，收复旧日山河，再向朝廷报告胜利的消息。

怒发冲冠，凭栏处，潇潇雨歇。抬望眼，仰天长啸，壮怀激烈。三十功名尘与土，八千里路云和月。莫等闲，白了少年头，空悲切。

靖康耻，犹未雪。臣子恨，何时灭。驾长车，踏破贺兰山缺。壮志饥餐胡虏肉，笑谈渴饮匈奴血。待从头，收拾旧山河，朝天阙。

（五）节选自袁枚《绝命词》

两脚踢翻尘世路，一肩担尽古今愁。

意思是：

恨不能用双脚踢翻这尘世的道路，用双肩担走这古往今来的愁绪。

赋性生来本野流，手提竹杖过通州。

饭篮向晓迎残月，歌板临风唱晚秋。

两脚踢翻尘世路，一肩担尽古今愁。

如今不受嗟来食，村犬何须吠不休。

修饰三

【堂正人格】核心提示：诗意般的理想生活是诗人们追求生命自由的强烈愿望。

采菊东篱下，悠然①见②南山③。

——节选自陶渊明《饮酒·其五》

①悠然：自得的样子。

②见：看见。

③南山：泛指山峰，一说庐山。

二、译文

在东篱之下采摘菊花，悠然间，那远处的南山映入眼帘。

三、要领

庄子的《刻意》是一篇论述养神之道的短文。以篇首二字作为篇名，"刻意"即磨砺心志，使之行为高尚的意思。本篇内容讨论修养，不同的人有不同的修养要求，只有"虚无恬淡"才合于"天德"，因而也是修养的最高境域。

全文大体分成三个部分。第一部分至"圣人之德也"，分析了六种不同的修养态度，唯有第六种才值得称道，"淡然无极"才是"天地之道""圣人之德"。第二部分至"此养神之道也"，讨论修养的方法，中心就是"无为"。余下为第三部分，提出"贵精"的主张，所谓"贵精"即不丧"纯""素"，这样的人就可叫作"真人"。

【原文】刻意尚行，离世异俗，高论怨诽，为亢而已矣；此山谷之士，非世之人，枯槁赴渊者之所好也。语仁义忠信，恭俭推让，为修而已矣；此平世之士，教诲之人，游居学者之所好也。语大功，立大名，礼君臣，正上下，为治而已矣；此朝廷之士，尊主强国之人，致功并兼者之所好也。就薮泽，处闲旷，钓鱼闲处，无为而已矣；此江湖之士，避世之人，闲暇者之所好也。吹呴呼吸，吐故纳新，熊经鸟申，为寿而已矣；此道引之士，养形之人，彭祖寿考者之所好也。

若夫不刻意而高，无仁义而修，无功名而治，无江海而闲，不道引而寿，无不忘也，无不有也。淡然无极而众美从之。此天地之道，圣人之德也。

【译文】磨砺心志，崇尚修养，超脱尘世不同流俗，谈吐不凡，抱怨怀才不遇而讥评世事无道，算是孤高卓群罢了；这样做乃是避居山谷的隐士，是愤世嫉俗的人，正是那些洁身自好、宁可以身殉志的人所一心追求的。宣扬仁爱、道义、忠贞、信实和恭敬、节俭、辞让、谦逊，算是注重修身罢了；这样做乃是意欲平定治理天下的人，是对人施以教化的人，正是那些游说各国而后退居讲学的人所一心追求的。宣扬大功，树立大名，用礼仪来划分君臣的秩序，并以此端正和维护上下各级的地位，算是投身治理天下罢了；这样做乃是身居朝廷的人，尊崇国君、强大国家的人，正是那些醉心于建立功业、开拓疆土的人所一心追求的。走向山林湖泽，处身闲暇旷达，垂钩钓鱼来消遣时光，算是无为自在罢了；这样做乃是闲游江湖的人，是逃避世事的人，正是那些闲暇无事的人所一心追求的。嘘唏呼吸，吐却胸中浊气以吸纳清新空气，像黑熊攀缘引体、像鸟儿展翅飞翔，算是善于延年益寿罢了；这样做乃是舒活经络气血的人，善于养身的人，正是像彭祖那样寿延长久的人所一心追求的。

若不需磨砺心志而自然高洁，不需倡导仁义而自然修身，不需追求功名而天下自然得到治理，不需避居江湖而心境自然闲暇，不需舒活经络气血而自然寿延长久，没有什么不忘于身外，而又没有什么不据于自身。宁寂淡然而且心智从不滞留一方，而世上一切美好的东西都汇聚在他的周围。这才是像天地一样的永恒之道，这才是圣人无为的无上之德。

【原文】故曰，夫恬淡寂寞，虚无无为，此天地之平而道德之质也。故曰，圣人休焉，休则平易矣，平易则恬淡矣。平易恬淡，则忧患不能入，邪气不能袭，故其德全而神不亏。

故曰，圣人之生也天行，其死也物化。静而与阴同德，动而与阳同波。不为福先，不为祸始。感而后应，迫而后动，不得已而后起。去知与故，循天之理。故无天灾，无物累，无人非，无鬼责。不思虑，不豫谋。光矣而不耀，信矣而不期。其寝不梦，其觉无忧。其生若浮，其死若休。其神纯粹，其魂不罢。虚无恬淡，乃合天德。

故曰，悲乐者，德之邪也；喜怒者，道之过也；好恶者，德之失也。故心不忧乐，德之至也；一而不变，静之至也；无所于忤，虚之至也；不与物交，淡之至也；无所于逆，粹之至也。

故曰，形劳而不休则弊，精用而不已则劳，劳则竭。水之性不杂则清，莫动则平；郁闭而不流，亦不能清，天德之象也。

故曰，纯粹而不杂，静一而不变，淡而无为，动而以天行，此养神之道也。

【译文】所以说，恬淡、寂寞、虚空、无为，这是天地赖以均衡的基准，而且是道德修养的最高境界。所以说，圣人总是停留在这一境域里，停留在这一境域也就平坦而无难了。安稳恬淡，那么忧患不能进入内心，邪气不能侵袭机体，因而他们的德行完整而内心世界不受亏损。

所以说，圣人生于世间顺应自然而运行，他们死离人世又像万物一样变化而去。平静时跟阴气一样宁寂，运动时又跟阳气一道波动。不做幸福的先导，也不为祸患的起始。外有所感而后内有所应，有所逼迫而后有所行动，不得已而后兴起。抛却智巧与事故，遵循自然的常规。因而没有自然的灾害，没有外物的牵累，没有旁人的非议，没有鬼神的责难。他们不思考，也不谋划。光亮但不刺眼，信实却不期求。他们睡觉不做梦，他们醒来无忧患。他们生于世间犹如在水面漂浮，他们死离人世就像疲劳后的休息。他们心神纯净精粹，他们魂灵从不疲惫。虚空而且恬淡，方才合乎自然的真性。

所以说，悲哀和欢乐乃是背离德行的邪妄，喜悦和愤怒乃是违反大道的罪过，喜好和憎恶乃是忘却真性的过失。因此内心不忧不乐，是德行的最高境界；持守专一而没有变化，是寂静的最高境界；不与任何外物相抵触，是虚豁的最高境界；不跟外物交往，是恬淡的最高境界；不与任何事物相违逆，是精粹的最高境界。

所以说，形体劳累而不休息就会疲乏不堪，精力使用过度而不止歇就会元气劳损，元气劳损就会精力枯竭。水的本性，不混杂就会清澈，不搅动就会平静，闭塞不流动也不会纯清，这是自然本质的现象。

所以说，纯净精粹而不混杂，静寂持守而不改变，恬淡而又无为，运动则顺应自然而行，这就是养神的道理。

【原文】夫有干越之剑者，柙而藏之，不敢用也，宝之至也。精神四达并流，无所不极，上际于天，下蟠于地，化育万物，不可为象，其名为同帝。

纯素之道，唯神是守；守而勿失，与神为一；一之精通，合于天伦。野语有之曰："众人重利，廉士重名，贤人尚志，圣人贵精。"故素也者，谓其无所与杂也；纯也者，谓其不亏其神也。能体纯素，谓之真人。

【译文】今有吴越地方出产的宝剑，用匣子秘藏起来，不敢轻易使用，因为这是最为珍贵的。精神可以通达四方，没有什么地方不可到达，上接近苍天，下遍及大地，化育万物，却又不可能捕捉到它的踪迹，它的名字就叫作同于天帝。

纯粹素朴的道，就是持守精神；持守精神而不失本真，跟精神融合为一；浑一就使精智畅通无碍，也就合于自然之理。俗语有这样的说法："普通人看重私利，廉洁的人看重名声，贤能的人崇尚志向，圣哲的人重视素朴的精神。"所以，素就是说没有什么与它混杂，纯就是说自然赋予的东西没有亏损。能够体察纯和素，就可叫他"真人"。

四、选读

（一）节选自韦庄《菩萨蛮·人人尽说江南好》

春水碧于天，画船听雨眠。

意思是：

江南的春天江水碧胜天，躺在画船上听着细细的雨声酣然入梦。

全词赏读

人人尽说江南好，游人只合江南老。春水碧于天，画船听雨眠。

垆边人似月，皓腕凝霜雪。未老莫还乡，还乡须断肠。

（二）节选自苏轼《定风波·莫听穿林打叶声》

竹杖芒鞋轻胜马，谁怕？一蓑烟雨任平生。

意思是：

手拄着竹杖，脚穿着草鞋，走起来比骑马还要轻快。怕什么风吹雨打？有一领蓑衣就足以对付一生的风雨侵袭了。

全词赏读

三月七日，沙湖道中遇雨。雨具先去，同行皆狼狈，余独不觉，已而遂晴，故作此词。

莫听穿林打叶声，何妨吟啸且徐行。竹杖芒鞋轻胜马，谁怕？一蓑烟雨任平生。料峭春风吹酒醒，微冷，山头斜照却相迎。回首向来萧瑟处，归去，也无风雨也无晴。

（三）节选自张可久《人月圆·山中书事》

数间茅舍，藏书万卷，投老村家。山中何事？松花酿酒，春水煎茶。

意思是：

几间茅屋里，藏着万卷书，我回到了老村生活。山中有什么事？用松花酿酒，用春天的河水煮茶。

⟨⟨⟨ **全诗赏读** ⟩⟩⟩

兴亡千古繁华梦，诗眼倦天涯。孔林乔木，吴宫蔓草，楚庙寒鸦。

数间茅舍，藏书万卷，投老村家。山中何事？松花酿酒，春水煎茶。

（四）节选自唐伯虎《桃花庵歌》

酒醒只在花前坐，酒醉还来花下眠。

意思是：

酒醒的时候静坐在花间，酒醉的时候在花下睡觉。

⟨⟨⟨ **全诗赏读** ⟩⟩⟩

桃花坞里桃花庵，桃花庵里桃花仙。

桃花仙人种桃树，又折桃花当酒钱。

酒醒只在花前坐，酒醉还来花下眠。

半醉半醒日复日，花落花开年复年。

但愿老死花酒间，不愿鞠躬车马前。

车尘马足富者趣，酒盏花枝贫者缘。

若将富贵比贫贱，一在平地一在天。

若将贫贱比车马，他得驱驰我得闲。

世人笑我太疯癫，我笑他人看不穿。

不见五陵豪杰墓，无花无酒锄作田。

第八讲
阳明四句致良知

【堂正人格】核心提示：良心是中国文化的底色，是中华民族道德的柱石。

第一节 经典

【堂正人格】核心提示：良知（良心）是做人的最高标准。

无善①无恶②心③之体④，有善有恶意⑤之动，知善知恶是良知⑥，为善去恶是格物⑦。

——节选自王阳明《传习录》

一、注解

①善：符合世间万事万物之理，即天理。

②恶：偏离世间万事万物之理，即偏离天理。

③心：本性。

④体：主体。

⑤意：意念。

⑥良知：天生本然、不学而得的智慧。

⑦格物：探究事物的道理，纠正人的行为。"格"在此有穷究之意。

二、译文

心的本体晶莹纯洁、无善无恶，所以天地万物也是无善无恶的。这是王阳明的世界观。

意念一经产生，善恶也随之而来，对天地万物也就有了善恶之分。这是王阳明的人生观。

能区分何为善、何为恶这种能力，就是孟子所说的"良知"。这是王阳明的价值观。

能够坚持善的、摒弃恶的就是格物，要"为善去恶"就要知行合一。这是王阳明的方法论。

三、要领

菩提本无树，明镜亦非台。

本来无一物，何处惹尘埃。

——节选自六祖惠能《菩提偈》

意思是：

菩提原本比喻智慧，明亮的镜子比喻清静之心。

本来清静，哪里会染上什么尘埃。

四、选读

（一）节选自《孟子·尽心上》

人之所不学而能者，其良能也；所不虑而知者，其良知也。孩提之童无不知爱其亲者，及其长也，无不知敬其兄也。亲亲，仁也；敬长，义也；无他，达之天下也。

意思是：

人不经学习就能做到的，那是良能；不经思考就能知道的，那是良知。年幼的孩子没有不知道要爱他父母的，等他长大以后，没有不知道要敬重兄长的。亲爱父母就是仁，尊敬兄长就是义；这没有别的原因，只因为仁义可以通行天下。

（二）节选自朱熹《孟子集注》

良心者，本然之善心。即所谓仁义之心也。

意思是：

良心，是本来就有的善意的心理，就是所说的仁义的心。

此为朱熹对《孟子·告子上》中"虽存乎人者，岂无仁义之心哉？其所以放其良心者，亦犹斧斤之于木也"一句的注解。

（三）节选自释普济《五灯会元》

放下屠刀，立地成佛。

意思是：

放下妄想、分别、执着，就是佛。

第二节 延伸

【堂正人格】核心提示：无愧于天地良心是中国人最大的胆色。

仰不愧于天，俯不怍①于人。

——节选自《孟子·尽心上》

一、注解

①怍：惭愧。

二、译文

仰起头来看看觉得自己对天无愧，低下头去想想觉得自己不愧于别人。比喻做人要光明磊落，问心无愧，君子坦荡荡。

三、要领

孔曰成仁，孟曰取义，唯其义尽，所以仁至。

读圣贤书，所学何事？而今而后，庶几无愧。

——选自文天祥《绝命词》

意思是：

孔子教导成仁，孟子教导取义，只要把道义做到了极点，那么所希望的仁德自然也就做到了极致。

我们读圣贤之人的著作，学习的是什么东西？既然学会了仁义，那么从今往后，就几乎没有什么可惭愧的了。

四、选读

（一）节选自曹植《白马篇》

捐躯赴国难，视死忽如归！

意思是：

为国家解危难奋勇献身，看死亡就好像回归故里。

全诗赏读

白马饰金羁，连翩西北驰。

借问谁家子，幽并游侠儿。

少小去乡邑，扬声沙漠垂。

宿昔秉良弓，楛矢何参差。

控弦破左的，右发摧月支。

仰手接飞猱，俯身散马蹄。

狡捷过猴猿，勇剽若豹螭。

边城多警急，虏骑数迁移。

羽檄从北来，厉马登高堤。

长驱蹈匈奴，左顾凌鲜卑。

弃身锋刃端，性命安可怀?

父母且不顾，何言子与妻!

名编壮士籍，不得中顾私。

捐躯赴国难，视死忽如归!

（二）节选自李白《梦游天姥吟留别》

安能摧眉折腰事权贵，使我不得开心颜!

意思是：

岂能卑躬屈膝去侍奉权贵，使我不能有舒心畅意的笑颜!

（三）节选自花蕊夫人《述国亡诗》

十四万人齐解甲，更无一个是男儿。

意思是：

守卫君王的十四万人一起脱下了金闪闪的铠甲，其实这些人中没有一个是守卫国家的男子。

全诗赏读

君王城上竖降旗，妾在深宫那得知。

十四万人齐解甲，更无一个是男儿。

第三节　修　饰

修饰一

【堂正人格】核心提示：讲良心的第一个原则是和为贵。

礼①之用，和②为贵。

——节选自《论语·学而第一》

一、注解

①礼：在春秋时代，"礼"泛指社会的典章制度和道德规范。孔子的"礼"，既指周礼，礼节、仪式，也指人们的道德规范。

②和：调和，和谐，协调。

二、译文

礼的作用，在于使人的关系变得更加和谐。

三、要领

喜怒哀乐之未发，谓之中；发而皆中节，谓之和。中也者，天下之大本也；和也者，天下之达道也。

——节选自孔伋《中庸》

意思是：

喜怒哀乐的情感没有表现出来的时候就叫作"中"，表现出来而符合法度学理的就叫作"和"。"中"是天下一切情感和道理的根本，"和"是天下一切事物的普遍原则。

四、选读

（一）节选自左丘明《左传·隐公六年》

亲仁善邻，国之宝也。

意思是：

与邻者亲近，与邻邦友好，是（我们的）国宝，是我们坚持的原则。

（二）节选自孙武《孙子兵法》

上下同欲者胜。

意思是：

全军上下同心同德，就能够取得胜利了。

（三）节选自《论语·子路》

君子和而不同，小人同而不和。

意思是：

君子在人际交往中能够与他人保持一种和谐友善的关系，但在对具体问题的看法上却不必苟同于对方。小人习惯于在对问题的看法上迎合别人的心理、附和别人的言论，但在内心深处却并不抱有一种和谐友善的态度。

（四）节选自《荀子·王霸》

农夫朴力而寡能，则上不失天时，下不失地利，中得人和，而百事不废。

意思是：

让农民质朴地尽力耕作，不要太疲于奔命，那么就上不会失天时，下不会失地利，中能得人和，这样各种事情就不会荒废。

（五）节选自张载《正蒙·太和篇》

有象斯有对，对必反其为，有反斯有仇，仇必和而解。

意思是：

一切事物都有对立的两面，对立的两面运动变化的方向必然相反，相反就会产生冲突和斗争，而最后斗争的结果，必定是趋向调和与和解。

修饰二

【堂正人格】核心提示：讲良心的第二个原则是推己及人。

己①所不欲②，勿③施④于人⑤。

——节选自《论语·卫灵公》

一、注解

①己：自己。

②欲：想，想做。

③勿：不要。

④施：施加。

⑤人：意为对方，与前面的"己"相对。

自己不喜欢的，不要强加给对方。

景公之时，雨雪三日而不霁。公被狐白之裘坐堂侧陛。晏子入见，立有间，公曰："怪哉！雨雪三日而天不寒。"晏子对曰："天不寒乎？"公笑。晏子曰："婴闻之古之贤君，饱而知人之饥，温而知人之寒，逸而知人之劳。今君不知也。"公曰："善！寡人闻命矣。"乃出裘发粟，与饥寒。令所睹于涂者，无问其乡；所睹于里者，无问其家；循国计数，无言其名。士既事者兼月，疾者兼岁。孔子闻之曰："晏子能明其所欲，景公能行其所善也。"

齐景公为高台，劳民。台成，又欲为钟。晏子谏曰："君者，不以民之哀为乐。君不胜欲，既筑台矣，今复为钟，是重敛于民也，民必哀矣。夫敛民而以为乐，不详，非治国之道也。"景公乃止。

——节选自晏婴《晏子春秋·内篇谏上》

意思是：

齐景公在位时，雪下了好几天却不转晴。景公披着用狐狸腋下的白毛做的皮衣，坐在殿堂侧边的台阶上。晏子进宫谒见，站了一会儿，景公说："奇怪了！雨雪下了好几天，可天气却不寒冷。"晏子回答说："天气真的不寒冷吗？"景公笑了。晏子说："我听说古代贤德的国君，自己吃饱且知道百姓的饥饿，自己穿暖且知道百姓的寒冷，自己安逸且知道百姓的劳苦。现在您不知道这些啊。"景公说："说得好！我听从您的教诲了。"他于是发令拿出大衣和粮食给饥寒交加的人。下令在道上看到这些人，不必问他们是哪个乡的；在里巷看到这些人，不必问他们家在哪里；在国内巡视，统计这些人的数目，不必记他们的姓名。已有职业的人发给两个月的粮食，病困的人发给两年的粮食。孔子听到这事以后说："晏子能阐明他的愿望，景公能实行他认识到的德政。"

齐景公要建高台，发动很多百姓劳动。高台建成后，齐景公还想再造钟。晏子进谏说："所谓君主，就是不能以百姓的劳苦来成就自己的乐趣。君主无法控制自己的欲望，已经建筑了高台，现在又要造钟，对百姓是很大的负担，百姓必定会不高兴。君主以加重百姓负担来获得自己的乐趣，不是好的做法，不是治理国家的方法。"齐景公于是停止了造钟。

四、选读

（一）节选自《论语·雍也》

己欲立而立人，己欲达而达人。

意思是：

自己要修身立德，也要让别人修身立德；自己通情达理，也要让别人通情达理。

（二）节选自张九龄《敕渤海王大武艺书》

记人之长，忘人之短。

意思是：

记住别人的长处，忘掉别人的短处。

（三）节选自王永彬《围炉夜话》

求个良心管我，留些余地处人。

意思是：

希望自己有一颗善良的心，使自己时时不违背它；为别人留一些退路，让别人也有容身之处。

（四）节选自钱锺书《谈艺录》

东海西海，心理攸同；南学北学，道术未裂。

意思是：

纵然东西方文化再有不同，东方人和西方人毕竟都是人，心理上本没有根本差别，只要肯相互体谅就完全有相互理解和会通的可能。纵然南学北学特质差异明显，而天地宇宙本为一体，世间大道本来是一，因此完全存在统一的可能。

修饰三

我见青山多妩媚①，料青山见我应如是。

——节选自辛弃疾《贺新郎·甚矣吾衰矣》

一、注解

①妩媚：潇洒多姿。

二、译文

我看那青山潇洒多姿，想必青山看我也是一样的。

三、要领

子曰："君子成人之美，不成人之恶。小人反是。"

——节选自《论语·颜渊》

意思是：

孔子说："君子成全别人的好事，不促成别人的坏事。小人则与此相反。"

四、选读

（一）节选自刘禹锡《酬乐天扬州初逢席上见赠》

沉舟侧畔千帆过，病树前头万木春。

意思是：

沉舟侧畔，千帆竞发；病树前头，万木逢春。

全诗赏读

巴山楚水凄凉地，二十三年弃置身。

怀旧空吟闻笛赋，到乡翻似烂柯人。

沉舟侧畔千帆过，病树前头万木春。

今日听君歌一曲，暂凭杯酒长精神。

（二）节选自罗隐《蜂》

采得百花成蜜后，为谁辛苦为谁甜？

意思是：

蜜蜂啊，你采尽百花酿成了花蜜，到底为谁付出辛苦，又想让谁品尝香甜呢？

不论平地与山尖，无限风光尽被占。

采得百花成蜜后，为谁辛苦为谁甜？

（三）节选自《古今贤文》

一花独放不是春，万紫千红春满园。

意思是：

只有一朵花盛开的时候，不能说是春天已经来了，只有园子里百花齐放的时候，才能说明春天已经来到了。

（四）选自费孝通"十六字箴言"

各美其美，美人之美，美美与共，天下大同。

意思是：

"各美其美"指各个民族都有一套自身评价美的价值标准，"美人之美"指文化交流过程中逐渐形成的对其他民族"美"的接纳，"美美与共"指对其他民族文化的进一步认同与文化间共同价值的建立，"天下大同"指人们所向往的"美"的最终境界。

第九讲
半个圣人两个字

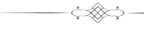

【堂正人格】核心提示：戒得
惰傲二字，人生已处于不败的
制高点。

第一节 经典

【堂正人格】核心提示：造就做人做事的第一等资质。

天下古今之庸人，皆以一惰①字致败；天下古今之才人，皆以一傲②字致败。

——节选自曾国藩《曾国藩家训》

一、注解

①惰：懒，懈怠，与"勤"相对。

②傲：自高自大。

二、译文

前半句的意思是：从古至今天下的平常人，都是因懒惰而失败。

庸人，就是才气比较少的普通人，或者说才气一般的人。对于这些人来说，最好是走"勤能补拙"的路子，刻苦勤奋、加倍努力，才能增加成功的机会，所以最忌讳一个"惰"字。

后半句的意思是：从古至今天下的有才之人，都是因骄傲而失败。

才人，就是有才气的人、能力强的人。对于这些人来说，因为"谦虚使人进步，骄傲使人落后"，如果孤傲自大、故步自封，也是容易失败的，所以最忌讳一个"傲"字。

三、要领

一个"惰"字和一个"傲"字，道出了天下古今"庸人"和"才人"成败之枢机。这是曾国藩"六戒"中的第五戒，另外的"五戒"是：

第一戒：久利之事勿为，众争之地勿往

前半句的意思是：可以长久获利的事情不要做。

这是月圆则缺、物盛则衰的道理，对于名利双收、一劳永逸的事情，一定要保持清醒的头脑，切忌贪功求过。

后半句的意思是：大家都想得到的地方不要前去。

这是危邦不入、乱邦不居的道理，大家都想得到的地方，也是引起争执、纠纷的地方，最容易招惹麻烦或者招致祸患。

第二戒：勿以小恶弃人大美，勿以小怨忘人大恩

意思是：不要因为别人小的缺点就忽视他的优点，不要因为小小的恩怨就忽略别人的大恩。

这是取其所长、弃其所短的道理。这就是告诫我们，在待人接物的时候，一定不要太感情用事，而要客观、公正地看待别人的缺点和不足。

第三戒：说人之短乃护己之短，夸己之长乃忌人之长

意思是：经常谈论别人缺点的人，内心其实是借此掩饰自己的缺点；经常夸耀自己长处的人，内心其实是嫉妒别人的长处罢了。

自高自大终究会吃亏。看人长处、帮人难处、记人好处，才是做人的道理。

第四戒：利可共而不可独，谋可寡而不可众

前半句的意思是：利益要均沾，而不可独吞。

因为利益往往是大家都渴望得到的，如果谁独占了利益而不与大家分享，那么一定会招致怨恨，甚至成为众矢之的。所以，面对利益一定要懂得取舍。

后半句的意思是：谋划决断应该由少数人参加，而不能拿出来让众人讨论。

因为决策讲究的是效率，在充分调查研究的基础上，人少容易集中意见，提高效率，人多反倒会出现拖拉、扯皮的现象，从而错失良机。

🪭 第六戒：凡办大事，以识为主，以才为辅；凡成大事，人谋居半，天意居半

前半句的意思是：凡是办大事，首先需要有深厚的阅历和见识，并以才能作为辅助。

这里的"识"，不单单是指知识，更多指的是经验和见识。所以，恃才傲物的人，往往难以成就大事。

后半句的意思是：凡是要成就大事的，一半在于人的谋划，另一半就要看天意了，看时机会不会到来。

所谓"谋事在人，成事在天""尽人事，听天命"。当然也不能因此而不去努力，更不能最终办不成事而怨天尤人。

四、选读

（一）节选自胡居仁《居业录·圣贤》

欲为天下第一等人，当做天下第一等事。

意思是：

要成为杰出的人才，就应当做杰出的事情。

（二）节选自冯梦龙《皇明大儒王阳明先生出身靖乱录》

惟为圣贤方是第一。

意思是：

努力成为圣贤才是做最杰出的事情。

（三）节选自吕坤《呻吟语》

深沉厚重是第一等资质，磊落豪雄是第二等资质，聪明才辩是第三等资质。

意思是：

深沉庄重是第一等的天资禀赋，坦诚豪爽是第二等的天资禀赋，聪明睿智是第三等的天资禀赋。

（四）节选自曾国藩《曾国藩家书》

能吃天下第一等苦，乃能做天下第一等人。

意思是：

吃得苦中苦，方为人上人。

（五）节选自梁启超《致梁思顺》

天下事业无所谓大小，只要在自己的责任内，尽自己力量做去，便是第一等人物。

意思是：

首先要学会承担责任，才能成就大事。

第二节　延　伸

【堂正人格】核心提示：造就人世间最美好的境界。

花未全开①月未圆②，看花待月思依然。

明知花月无情物，若使多情更可怜。

——蔡襄《十三日吉祥探花》

一、注解

①花未全开：鲜花含苞欲放的时候。

②月未圆：月亮还没有达到最圆的时候。

二、译文

花一旦全开，就会凋谢；月亮一旦全圆，就会缺损。所以花未全开月未全圆时，才是观花赏月最好的时机。但人们还是不明白这一点，还是想找到完美的花月。

明明知道花开花谢、月圆月缺是自然规律，不会满足人们观花赏月的愿望。人们还是想寻找、等待花全开、月全圆的美景，这是很不明智的，也是很可怜的。

三、要领

大智知止，小智惟谋，智有穷而道无尽哉。

——节选自文中子《止学》

意思是：

大智慧的人知道适可而止，小聪明的人只是不停地谋取，智计有穷尽的时候而天道却没有尽头。

四、选读

看破浮生过半，半之受用无边。

半中岁月尽幽闲，半里乾坤宽展。

半郭半乡村舍，半山半水田园。

半耕半读半经廛，半士半民姻眷。

半雅半粗器具，半华半实庭轩。

衾裳半素半轻鲜，肴馔半丰半俭。

童仆半能半拙，妻儿半朴半贤。

心情半佛半神仙，姓字半藏半显。

一半还之天地，让将一半人间。

半思后代与沧田，半想阎罗怎见。

酒饮半酣正好，花开半时偏妍。

帆张半扇免翻颠，马放半缰稳便。

半少却饶滋味，半多反厌纠缠。

百年苦乐半相参，会占便宜只半。

——选自李密庵《半半歌》

意思是：

人生过半，我已经看透了生活的真谛；学问都在这"半"字之中，若能领悟则受益无穷。一半的时间隐居享清闲，一半的时间入世求功名。

住在乡间村舍里，活在山水田园间。在一个小天地里耕田读书，姻亲选择不论贵族平民。

生活器具能用就行，房屋庭园能住便可。铺盖衣服薄厚适宜，饭菜食物丰俭由人。

使童仆人憨厚肯干，妻子儿女朴实贤惠。心态似道似佛，名声可有可无。

一半的财富用于造福社会，一半的财富用于施舍他人。既应考虑后代与生活，又当思量自己的生命价值。

活在半醉半醒中最好，花儿也在含苞待放时最美。船帆开启半扇不易颠覆，马绳拉放适度最是稳当。

少食多滋味，多食添厌腻。人生百年有苦有乐，好事情能有些许就知足了。

第三节 修 饰

修饰一

【堂正人格】核心提示：在艰难困苦中锻造人生格局。

险夷原不滞胸中，何异浮云过太空？夜静海涛三万里，月明飞锡①下天风②。

——王阳明《泛海》

一、注解

①飞锡：锡杖，即和尚的禅杖。多指和尚云游，作者借此表达他淡然世间荣辱的洒然心态。"飞锡"是讲智者大师的典故，大师到了天台山，在两山之间，将锡杖一丢，就乘锡杖而飞过。

②天风：天地之正气。

二、译文

一切艰难险阻，在我看来，就如天上飘浮的一朵朵白云，不应停滞于心中，而天空的颜色，是洁净湛蓝的。

夜深人静时，我思考着国家的命运，思考着自己的人生经历，尽是大起大落，如海中波涛一般。我将乘天地之正气，秉光明的心地，去接受任何的人生艰难险阻的挑战。

三、要领

功名多向穷中立，祸患常从巧处生。

——节选自陆游《读史》

意思是：

一个人的功业大多是建立在贫穷和困苦中的，而祸患常常从玩乐、享受中滋生。

四、选读

（一）节选自曾国藩《曾国藩家训》

受不得穷，立不得品；受不得屈，做不得事。

意思是：

一个人忍受不了贫穷，就磨炼不成优秀的品格；一个人忍受不了委屈，便做不了大事业。

（二） 选自袁枚《苔》

白日不到处，青春恰自来。

苔花如米小，也学牡丹开。

意思是：

在阳光都照射不到的恶劣环境中，苔藓却能长出绿意展现自己的青春。这是苔藓凭着坚强的活力，突破环境的重重窒碍，焕发青春的光彩。

虽然苔花开起来像米粒一样大，不能跟国色天香的牡丹相比，但牡丹是受人玩赏而被悉心栽培的，苔却是靠自己生命的力量自强，争得和牡丹一样开放的权利。

（三）选自黄蘗禅师《上堂开示颂》

尘劳迥脱事非常，紧把绳头做一场。

不经一番寒彻骨，怎得梅花扑鼻香。

意思是：

摆脱尘念劳心并不是一件容易事，必须拉紧绳子、俯下身子在事业上卖力气。

如果不经历冬天那刺骨严寒，梅花怎会有扑鼻的芳香。

修饰二

【堂正人格】核心提示：乾卦六龙蕴藏着最完美的人生之道。

时①乘六龙，以御②天也。云行雨施③，天下平也。

——节选自《易经·文言》

一、注解

①时：于是。

②御：行。

③施：降下。

太阳按时驾着六条龙，为的是在天上运行。云朵飘浮，雨水降下，于是天下太平。

"时乘六龙"是指乾卦六爻，代表着天地自然的运行规律，常常用来比喻人生的六个阶段，把握得好，则功成名就，天下太平。

人生第一个阶段：潜龙勿用。

意思是：龙藏于水中，暂时不宜妄动。

这个阶段是"潜龙"阶段，"勿用"不是不用，而是要做到厚积薄发，以待时机。

人生第二个阶段：见龙在田，利见大人。

意思是：龙出现在田间，见大人有利。

这个阶段是"现龙"阶段，是现德而不是显耀，要求做到审时度势，谨言慎行。

人生第三个阶段：君子终日乾乾，夕惕若，厉无咎。

意思是：君子整天勤勉不懈，晚上谨小慎微，纵使遇险也能化险为夷。

这个阶段是"惕龙"阶段，要时时检查自己的行为，要求做到修养德行，警觉进取。

人生第四个阶段：或跃在渊，无咎。

意思是：龙或飞腾上天，或遁守深渊，都无害。

这个阶段是"跃龙"阶段，要相机而动，有所作为，要求做到知进知退，该进则进。

人生第五个阶段：飞龙在天，利见大人。

意思是：龙飞在天上，见大人有利。

这个阶段是"飞龙"阶段，要施德用人，惠泽于民，建功立业，要求做到礼贤上下，居安思危。

人生第六个阶段：亢龙有悔。

意思是：飞得过高的龙会有麻烦、陷入困境。

这个阶段是"亢龙"阶段，要依势而为，择机而进，要求做到慎终如始，刚柔并济。

四、选读

当代著名哲学家、教育家冯友兰在《中国哲学简史》中把各种不同的人生境界划分为四个等级。

第一是自然境界

一个人做事，可能只是顺着他的本能或其社会的风俗习惯。就像小孩和原始人那样，他做他所做的事，然而并无觉解，或不甚觉解。这样，他所做的事，对于他就没有意义，或很少意义。他的人生境界，就是我所说的自然境界。

第二是功利境界

一个人可能意识到他自己，为自己而做各种事。这并不意味着他必然是不道德的人。他可以做些事，其后果有利于他人，其动机则是利己的。所以他所做的各种事，对于他，有功利的意义。他的人生境界，就是我所说的功利境界。

第三是道德境界

还有的人，可能了解到社会的存在，他是社会的一员。这个社会是一个整体，他是这个整体的一部分。有这种觉解，他就为社会的利益做各种事，或如儒家所说，他做事是为了"正其义不谋其利"。他真正是有道德的人，他所做的都是符合严格的道德意义的道德行为。他所做的各种事都有道德的意义。所以他的人生境界，是我所说的道德境界。

🔶 第四是天地境界

最后，一个人可能了解到超乎社会整体之上，还有一个更大的整体，即宇宙。他不仅是社会的一员，同时还是宇宙的一员。他是社会组织的公民，同时还是孟子所说的"天民"。有这种觉解，他就为宇宙的利益而做各种事。他了解他所做的事的意义，自觉他正在做他所做的事。这种觉解为他构成了最高的人生境界，就是我所说的天地境界。

修饰三

【堂正人格】核心提示：破除"富不过三代"的传家宝。

君子之泽①，五世而斩②；小人之泽，五世而斩。

——节选自《孟子·离娄章句下》

一、注解

①泽：一个人的功名事业对后代的影响。

②斩：断绝，没法再继承。

二、译文

君子道德风尚的影响，五代以后就断绝了；小人道德风尚的影响，五代以后也就断绝了。

三、要领

皆知敌之仇，而不知为益之尤；皆知敌之害，而不知为利之大。

秦有六国①，兢兢以强；六国既除，訑訑②乃亡。晋败楚鄢③，范文④为患；厉之不图，举国造怨⑤。孟孙⑥恶⑦臧⑧，孟死臧恤，"药石⑨去矣，吾亡无日"。智能知之，犹卒以危，矧⑩今之人，曾不是思。

敌存而惧，敌去而舞，废备自盈，只益为愈。敌存灭祸，敌去召过。有能知此，道大名播。惩病克寿，矜⑪壮死暴；纵欲不戒，匪愚伊耄⑫。我作戒诗，思者无咎。

——节选自柳宗元《敌戒》

【注解】

①六国：指战国时期与秦国争雄的楚、齐、燕、韩、赵、魏。

②訑訑（dàn）：骄傲自满的样子。

③鄢（yān）：鄢陵，今属河南。

④范文：范文子，春秋时晋国大夫。

⑤造怨：生怨。

⑥孟孙：孟孙速，春秋时鲁国大夫。

⑦恶（wù）：憎恶。

⑧臧：臧孙纥，春秋时鲁国大夫。

⑨药石：药物和治病的石针。

⑩矧（shěn）：况且，何况。

⑪矜（jīn）：自夸。

⑫耄（mào）：年老，昏乱。

【译文】人人都知道敌人有作为自己仇敌的一面，却不一定懂得对自己还有有益的一面；人人都知道敌人对自己有危害的一面，却不一定懂得对自己还有有利的一面。

秦国有六国为敌，因此能够兢兢业业，使国家强盛起来；六国被灭亡之后，秦国骄傲自满，不久就覆亡了。晋国军队大败楚军于鄢陵，晋国大夫范文子对此感到忧虑。晋厉公不考虑范文子应知戒惕的意见，越发骄横，搞得全国上下怨声沸腾，最后被人杀死。鲁国大夫孟孙速憎恨大夫臧孙纥，孟孙速死后，臧孙纥感到忧虑；臧孙纥去孟孙速家里吊丧，哭得很悲伤，说孟孙速憎恶我，这就好像是能够帮助我治病的良药，现在孟孙速死了，没有了药物，我也活不长了。明智的人懂得这个道理，最终还可能遇到危害；何况当今某些人根本不去思量这个道理呢！

敌人存在就害怕，敌人没了就得意忘形，解除戒备，自满自足，这恰恰会造成更大的祸患。敌人存在，能够提高自己的警惕，可以免除祸患；敌人不存在了，思想就会懈怠，反而会招致错误。能够懂得这个道理的人，他的德行就会光大，名声就会远扬。能够预防疾病的人，才能够长寿；自恃强壮的人，容易死于暴病；纵情逞欲而不知警戒的人，不是傻瓜就是混蛋。我写下这篇《敌戒》诗，能够思考其中道理的人可以免除过错和灾祸。

四、选读

（一）节选自刘向《战国策·触龙说赵太后》

左师公曰："今三世以前，至于赵之为赵，赵王之子孙侯者，其继有在者乎？"

意思是：

触龙说："从这一辈往上推到三代以前，甚至到赵国建立的时候，赵国君主的子孙被封侯的，他们的子孙还有能继承爵位的吗？"

这就是"君子之泽，三世而斩"的出处。

（二）选自民间古训

道德传家，十代以上，耕读传家次之，诗书传家又次之，富贵传家，不过三代。

意思是：

一个家庭如果保持善良仁德的家风，那么薪火相传，可以传承十代以上；其次是耕读、诗书传家，而富贵传家，很少会超过三代。

这就是"富不过三代，盛不过一时"的魔咒。

（三）节选自《孟子·告子下》

然后知生于忧患，而死于安乐也。

意思是：

这样才知道忧虑祸患能使人（或国家）生存发展，而安逸享乐会使人（或国家）走向灭亡的道理了。

（四）选自姚文田自题书房

世上几百年旧家，无非积德；

天下第一件好事，还是读书。

意思是：

自古以来能够延续几百年的老家族，主要的原因就是坚持积善守德；

总结起来一个人想要在学问和事业上有一番成就，还得要坚持多读书。

第十讲
腹有诗书气自华

【堂正人格】核心提示：读书是人生最好的习惯，是人格修养最好的方法。

第一节 经 典

【堂正人格】核心提示：唯读书能改变人的气质。

粗缯①大布②裹③生涯④，腹有⑤诗书⑥气⑦自华⑧。

——节选自苏轼《和董传留别》

一、注解

①粗缯：粗制的丝织品。

②大布：古指麻制粗布。

③裹：经历。

④生涯：人生的境遇过程。

⑤腹有：胸有，比喻学业有成。

⑥诗书：原指《诗经》和《尚书》，此泛指书籍。

⑦气：表于外的精神气色。

⑧华：丰盈而实美。

二、译文

生活当中身上包裹着粗衣劣布，胸中有学问气质自然光彩夺人。

三、要领

君子所以学者，为能变化气质而已。

——节选自《吕氏春秋》

意思是：

君子读书的目的，就在于美化气质。

四、选读

（一）节选自李白《将进酒》

天生我材必有用，千金散尽还复来。

意思是：

每个人的出生都一定有自己的价值，黄金千两就算一挥而尽，它也还是能够再得来。

读书人腹中的诗书是李白的自信乐观。

全诗赏读

君不见，黄河之水天上来，奔流到海不复回。

君不见，高堂明镜悲白发，朝如青丝暮成雪。

人生得意须尽欢，莫使金樽空对月。

天生我材必有用，千金散尽还复来。

烹羊宰牛且为乐，会须一饮三百杯。

岑夫子，丹丘生，将进酒，杯莫停。

与君歌一曲，请君为我倾耳听。

钟鼓馔玉不足贵，但愿长醉不愿醒。

古来圣贤皆寂寞，唯有饮者留其名。

陈王昔时宴平乐，斗酒十千恣欢谑。

主人何为言少钱，径须沽取对君酌。

五花马，千金裘，呼儿将出换美酒，与尔同销万古愁。

（二）节选自文天祥《过零丁洋》

人生自古谁无死，留取丹心照汗青。

意思是：

自古以来，人终不免一死！倘若能为国尽忠，死后仍可光照千秋，青史留名。

士大夫腹中的诗书是文天祥的崇高气节。

全诗赏读

辛苦遭逢起一经，干戈寥落四周星。

山河破碎风飘絮，身世浮沉雨打萍。

惶恐滩头说惶恐，零丁洋里叹零丁。

人生自古谁无死，留取丹心照汗青。

（三）节选自岳飞《满江红》

三十功名尘与土，八千里路云和月。莫等闲，白了少年头，空悲切。

意思是：

现在自己已三十多岁了，转战南北，虽然获得了一些成果，建立了一些战功，但是对国家的贡献很小，功名犹如尘土微不足道。要完成收复大业，道路尚遥远而艰辛，还需披星戴月付出更大的努力和代价。不要虚度年华，花白了少年黑发，只有独自悔恨悲悲切切。

将军腹中的诗书是岳飞的豪情壮志。

（四）节选自王安石《登飞来峰》

不畏浮云遮望眼，自缘身在最高层。

意思是：

不怕层层浮云遮住我那远眺的视野，只因为我站在飞来峰顶，登高望远心胸宽广。

宰相腹中的诗书是王安石的高瞻远瞩。

全诗赏读

飞来山上千寻塔，闻说鸡鸣见日升。

不畏浮云遮望眼，自缘身在最高层。

（五）节选自刘昫《旧唐书·魏徵传》

以铜为镜，可以正衣冠；以史为镜，可以知兴替；以人为镜，可以明得失。

意思是：

拿铜镜来对照自己，可以使衣帽整齐；拿历史当作镜子来对照自己，可以知道国家兴衰的规律；拿别人当作镜子来对照自己，可以知道自己的正确与错误。

帝王腹中的诗书是李世民的明君风范。

（六）节选自黄庭坚《寄黄几复》

桃李春风一杯酒，江湖夜雨十年灯。

意思是：

当年春风下观赏桃李共饮美酒，江湖落魄，一别已是十年，常对着孤灯听着秋雨思念着你。

朋友腹中的诗书是黄庭坚的美酒江湖。

全诗赏读

我居北海君南海，寄雁传书谢不能。

桃李春风一杯酒，江湖夜雨十年灯。

持家但有四立壁，治病不蕲三折肱。

想见读书头已白，隔溪猿哭瘴溪藤。

第二节　延　伸

【堂正人格】核心提示：诗书是人生修养的源头活水。

不学诗①，无以言。不学礼②，无以立。

——节选自《论语·季氏篇第十六》

一、注解

①诗：《诗经》。

②礼：礼仪。

二、译文

不学《诗经》，就不会说话。不懂得礼仪法度，则无从立足于社会。

三、要领

人心如良苗，得养乃滋长。

苗以泉水灌，心以理义养。

一日不读书，胸臆无佳想。

一月不读书，耳目失精爽。

——选自萧抡谓《读书有所见作》

意思是：

人的心灵如同幼苗一样，需要得到滋养才能成长。

幼苗要以泉水灌溉进行滋养，心灵要以道理与仁义进行滋养。

一天不读书，心里就没有佳妙的想法。

一个月不读书，连耳朵眼睛也失去了原来的神清气爽。

四、选读

（一）节选自刘向《说苑》

书犹药也，善读之可以医愚。

意思是：

书就像良药一样，阅读得法，可以医治愚蠢的毛病。

（二）宋真宗赵恒《励学篇》

男儿若遂平生志，五经勤向窗前读。

意思是：

男子汉大丈夫如果想实现心中最大的志向，就要勤快诵读《诗》《书》《礼》《易》《春秋》这五经。

全诗赏读

富家不用买良田，书中自有千钟粟。

安居不用架高堂，书中自有黄金屋。

出门莫恨无人随，书中车马多如簇。

娶妻莫恨无良媒，书中自有颜如玉。

男儿若遂平生志，五经勤向窗前读。

（三）节选自于谦《观书》

眼前直下三千字，胸次全无一点尘。

意思是：

眼前浏览过无数的文字后，心中再无半点尘世间的世俗杂念。

全诗赏读

书卷多情似故人，晨昏忧乐每相亲。

眼前直下三千字，胸次全无一点尘。

活水源流随处满，东风花柳逐时新。

金鞍玉勒寻芳客，未信我庐别有春。

第三节　修　饰

修饰一

> 【堂正人格】核心提示：诗书里有中国人的豪气侠情。
>
> 大鹏①一日同风起，扶摇②直上九万里。
>
> ——节选自李白《上李邕》

一、注解

①大鹏：大鹏是《庄子·逍遥游》中的神鸟，传说这只神鸟其大"不知其几千里也"，"其翼若垂天之云"，翅膀拍下水就是三千里，扶摇直上，可高达九万里。

②摇：由下而上的大旋风。

二、译文

大鹏总有一天会和风飞起，凭借风力直上九天云外。

三、要领

然其言必信，其行必果，已诺必诚，不爱其躯，赴士之厄困。既已存亡死生矣，而不矜其能，羞伐其德，盖亦有足多者焉。

——节选自司马迁《史记·游侠列传》

意思是：

但是他们说话一定守信用，做事一定果敢决断，已经答应的必定实现，以示诚实，肯于牺牲生命，去救助别人的危难。已经经历了生死存亡的考验，却不自我夸耀本领，也不好意思夸耀自己的功德，大概这也是很值得赞美的地方吧。

四、选读

（一）节选自李白《南陵别儿童入京》

仰天大笑出门去，我辈岂是蓬蒿人。

意思是：

仰面朝天纵声大笑着走出门去，我怎么会是长期身处草野之人呢？

全诗赏读

白酒新熟山中归，黄鸡啄黍秋正肥。

呼童烹鸡酌白酒，儿女嬉笑牵人衣。

高歌取醉欲自慰，起舞落日争光辉。

游说万乘苦不早，著鞭跨马涉远道。

会稽愚妇轻买臣，余亦辞家西入秦。

仰天大笑出门去，我辈岂是蓬蒿人。

（二）节选自王维《老将行》

一身转战三千里，一剑曾当百万师。

意思是：

身经百战驰骋疆场三千里，曾经以一剑之力抵挡了百万敌军。

（三）节选自王昌龄《出塞》

但使龙城飞将在，不教胡马度阴山。

意思是：

倘若攻袭龙城的卫青和飞将军李广而今健在，绝不许胡人的骑兵跨越过阴山。

全诗赏读

秦时明月汉时关，万里长征人未还。

但使龙城飞将在，不教胡马度阴山。

（四）节选自苏轼《念奴娇·赤壁怀古》

乱石穿空，惊涛拍岸，卷起千堆雪。江山如画，一时多少豪杰。

意思是：

岸边乱石林立，像要刺破天空，惊人的巨浪拍击着江岸，激起的浪花好似千万堆白雪。雄壮的江山奇丽如图画，一时间涌现出多少英雄豪杰。

全词赏读

大江东去，浪淘尽，千古风流人物。故垒西边，人道是，三国周郎赤壁。乱石穿空，惊涛拍岸，卷起千堆雪。江山如画，一时多少豪杰。

遥想公瑾当年，小乔初嫁了，雄姿英发。羽扇纶巾，谈笑间，樯橹灰飞烟灭。

故国神游，多情应笑我，早生华发。人生如梦，一尊还酹江月。

（五）节选自辛弃疾《永遇乐·京口北固亭怀古》

想当年，金戈铁马，气吞万里如虎。

意思是：

回想当年，他领军北伐、收复失地的时候是何等威猛！

◆◇ 全词赏读 ◇◆

千古江山，英雄无觅孙仲谋处。舞榭歌台，风流总被，雨打风吹去。斜阳草树，寻常巷陌，人道寄奴曾住。想当年，金戈铁马，气吞万里如虎。

元嘉草草，封狼居胥，赢得仓皇北顾。四十三年，望中犹记，烽火扬州路。可堪回首，佛狸祠下，一片神鸦社鼓。凭谁问，廉颇老矣，尚能饭否？

修饰二

【堂正人格】核心提示：诗书里有中国人的真情道义。

但愿①人长久，千里共②婵娟③。

——节选自苏轼《水调歌头·明月几时有》

一、注解

①但愿：只愿。但，只。

②共：一起欣赏。

③婵娟：指月亮。

二、译文

只希望这世上所有人的亲人都能平安健康，即使相隔千里，也能一起欣赏这美好的月光。

荀巨伯远看友人疾，值胡贼攻郡，友人语巨伯曰："吾今死矣，子可去。"巨伯曰："远来相视，子令吾去，败义以求生，岂荀巨伯所行邪？"贼既至，谓巨伯曰："大军至，一郡尽空，汝何男子，而敢独止？"巨伯曰："友人有疾，不忍委之，宁以吾身代友人命。"贼相谓曰："吾辈无义之人，而入有义之国。"遂班军而还，一郡并获全。

——节选自刘义庆《世说新语·德行第一》

意思是：

荀巨伯远道而来看望生病的友人，恰逢匈奴人来攻打城郡。朋友对荀巨伯说："我现在死定了，你还是离开吧。"荀巨伯说："我远道而来看望你，你却让我离去。毁坏道义以求生存，这难道是我荀巨伯所做的事吗？"敌人已经来到，他们对荀巨伯说："大军一到，整个城都空空如也。你是什么人，竟敢独自留下？"荀巨伯说："朋友生病，不忍丢下朋友，宁愿用我自己的生命代替朋友的生命。"匈奴人相互说："我等没有道义的人，却入了有道义的国土！"于是带领手下撤退，一城得以保全。

四、选读

（一）节选自李白《静夜思》

举头望明月，低头思故乡。

意思是：

我禁不住抬起头来，看那天窗外空中的一轮明月，不由得低头沉思，想起远方的家乡。

床前明月光，疑是地上霜。

举头望明月，低头思故乡。

（二）节选自白居易《琵琶行》

同是天涯沦落人，相逢何必曾相识。

意思是：

同样都是天涯沦落的可怜人，今日相逢何必问是否曾经相识。

（三）节选自杜甫《蜀相》

出师未捷身先死，长使英雄泪满襟。

意思是：

可惜出师伐魏未捷而病亡军中，常使历代英雄感慨泪湿衣襟！

丞相祠堂何处寻，锦官城外柏森森。

映阶碧草自春色，隔叶黄鹂空好音。

三顾频烦天下计，两朝开济老臣心。

出师未捷身先死，长使英雄泪满襟。

（四）节选自李商隐《锦瑟》

此情可待成追忆，只是当时已惘然。

意思是：

如此情怀哪里是现在回忆起来才感到无限怅恨呢？即使在当年早已是令人不胜怅惘了。

第十讲 腹有诗书气自华

全诗赏读

锦瑟无端五十弦，一弦一柱思华年。

庄生晓梦迷蝴蝶，望帝春心托杜鹃。

沧海月明珠有泪，蓝田日暖玉生烟。

此情可待成追忆，只是当时已惘然。

（五）节选自李煜《虞美人》

问君能有几多愁？恰似一江春水向东流。

意思是：

要问我心中有多少哀愁，就像那不尽的春江之水滚滚东流。

全词赏读

春花秋月何时了，往事知多少？小楼昨夜又东风，故国不堪回首月明中。

雕栏玉砌应犹在，只是朱颜改。问君能有几多愁？恰似一江春水向东流。

修饰三

【堂正人格】核心提示：诗书里有中国人的江山社稷。

国①破②山河在③，城④春草木深⑤。

感时⑥花溅泪⑦，恨别⑧鸟惊心。

——杜甫《春望》

一、注解

①国：国都，指长安（今陕西西安）。

②破：陷落。

③山河在：旧日的山河仍然存在。

④城：长安城。

⑤草木深：指人烟稀少。

⑥感时：为国家的时局而感伤。

⑦溅泪：流泪。

⑧恨别：怅恨离别。

二、译文

长安沦陷，国家破碎，只有山河依旧。春天来了，人烟稀少的长安城里草木茂密。

感于战败的时局，看到花开而潸然泪下。内心惆怅怨恨，听到鸟鸣而心惊胆战。

三、要领

亦以明死生之大，匹夫之有重于社稷也。

——节选自张溥《五人墓碑记》

意思是：

也用以说明死生意义的重大，即使一个普通老百姓对于国家也有重要的作用啊。

四、选读

（一）节选自杜甫《登高》

无边落木萧萧下，不尽长江滚滚来。

意思是：

无穷无尽的树叶纷纷落下，长江滚滚涌来奔腾不息。

全诗赏读

风急天高猿啸哀，渚清沙白鸟飞回。

无边落木萧萧下，不尽长江滚滚来。

万里悲秋常作客，百年多病独登台。

艰难苦恨繁霜鬓，潦倒新停浊酒杯。

（二）节选自李白《望庐山瀑布》

飞流直下三千尺，疑是银河落九天。

意思是：

高崖上飞腾直落的瀑布好像有三千尺，让人恍惚以为银河从天上泻落到人间。

全诗赏读

日照香炉生紫烟，遥看瀑布挂前川。

飞流直下三千尺，疑是银河落九天。

（三）节选自杜牧《江南春》

南朝四百八十寺，多少楼台烟雨中。

意思是：

南朝遗留下的四百八十多座古寺，如今有多少笼罩在这蒙蒙的烟雨之中。

〈〈 全诗赏读 〉〉

千里莺啼绿映红，水村山郭酒旗风。

南朝四百八十寺，多少楼台烟雨中。

（四）节选自崔颢《黄鹤楼》

日暮乡关何处是？烟波江上使人愁。

意思是：

暮色渐渐漫起，哪里是我的家乡呢？江面烟波渺渺，让人更生烦愁。

〈〈 全诗赏读 〉〉

昔人已乘黄鹤去，此地空余黄鹤楼。

黄鹤一去不复返，白云千载空悠悠。

晴川历历汉阳树，芳草萋萋鹦鹉洲。

日暮乡关何处是？烟波江上使人愁。

（五）选自杨慎《临江仙·滚滚长江东逝水》

滚滚长江东逝水，浪花淘尽英雄。是非成败转头空。青山依旧在，几度夕阳红。

白发渔樵江渚上，惯看秋月春风。一壶浊酒喜相逢。古今多少事，都付笑谈中。

意思是：

滚滚长江向东流，不再回头，多少英雄像翻飞的浪花般消逝。争什么是与非、成功与失败，都是短暂不长久的。只有青山依然存在，依然日升日落。

江上白发渔翁，早已习惯四时的变化。和朋友难得见了面，痛快地畅饮一杯酒。古往今来的纷纷扰扰，都成为下酒闲谈的材料。

第十一讲
仁者无敌请勿疑

【堂正人格】核心提示：追求"仁"的过程，就是人生不断自我完善、不断提升人格、不断升华生命的过程，最后达到内心"无敌"的强大境界。

第一节 经 典

故曰："仁者①无敌。"王请勿疑！

——节选自《孟子·梁惠王上》

一、注解

①仁者：施行仁政的人。

二、译文

所以说："施行仁政的人是无敌于天下的。"大王请不要疑虑！

三、要领

三代之得天下也以仁，其失天下也以不仁。国之所以废兴存亡者亦然。天子不仁，不保四海；诸侯不仁，不保社稷；卿大夫不仁，不保宗庙；士庶人不仁，不保四体。

——节选自《孟子·离娄上》

意思是：

夏、商、周三代得天下是因为仁，失去天下是因为不仁。国家兴衰存亡也是这个道理。天子不仁，不能保全天下；诸侯不仁，不能保全国家；卿大夫不仁，不能保全祖庙；士人和平民百姓不仁，不能保全身家性命。

四、选读

（一）节选自《论语·为政第二》

子曰："为政以德，譬如北辰，居其所而众星共之。"

意思是：

孔子说："治理国家必须实行德政，道德的教化就像北极星在它自己的星座上，漫天星辰都拱卫环绕着它运行。"

（二）节选自孙武《孙子兵法·计篇第一》

道者，令民与上同意也，故可以与之死，可以与之生，而不畏危。

意思是：

所谓"道"，指的是能使人民与君主同心同德的政治路线和政策方针，让人民心甘情愿与君主同生共死，而不惧怕任何危难。

（三）节选自曾子《大学》

道得众则得国，失众则失国。

意思是：

国家治理的大道是，得到民心就能赢得国家，失去民心必然会失去国家。

（四）节选自《尚书·大禹谟》

人心惟危，道心惟微，惟精惟一，允执厥中。

这是中华文化传统中的"十六字心传"，意思是：

人心变化莫测，道心中正入微，惟精惟一是道心的心法，我们要真诚地保持惟精惟一之道，不改变、不变换自己的理想和目标，最后使人心与道心和合，依中道而行。

第二节 延 伸

【堂正人格】核心提示：仁者之道是古代帝王的成功之道。

道①之所在，天下归②之。

——节选自黄石公《六韬·文师第一》

一、注解

①道：指王道。区别于帝道、霸道。

②归：归附。

二、译文

王道所在的地方，天下人都会归附。

三、要领

天下非一人之天下，乃天下之天下也。同天下之利者，则得天下；擅天下之利者，则失天下。天有时，地有财，能与人共之者，仁也。仁之所在，天下归之。免人之死，解人之难，救人之患，济人之急者，德也。德之所在，天下归之。与人同忧同乐，同好同恶，义也。义之所在，天下赴之。凡人恶死而乐生，好德而归利，能生利者，道也。道之所在，天下归之。

——节选自黄石公《六韬·文师第一》

179

意思是：

天下不是一个人的天下，而是天下人共有的天下。能与天下人共享天下之利者，就可以取得天下；而独占天下之利者，就会失去天下。天有四时变化，地有财货生长，能够与天下人共同享用的，这就是仁。仁所在的地方，天下人就会归附。能够免除人们死亡的危险，解救人们的危难，消除人们的祸患，接济人们的急需，这就是德。德所在的地方，天下人就会归附。能够与人们同忧同乐，同好同恶，这就是义。义所在的地方，天下人就会争相归附。人们无不害怕死亡而希望生存，喜好仁德而追求利益，能为天下人谋求利益的，就是王道。王道所在的地方，天下人都会归附。

四、选读

（一）节选自刘向《说苑·谈丛》

道之所在，天下归之；德之所在，天下贵之；仁之所在，天下爱之；义之所在，天下畏之。

意思是：

推行王道，天下人就会归附他；推行仁德，天下人就会尊重他；推行仁爱，天下人就会爱戴他；推行道义，天下人就会敬畏他。

（二）节选自《孟子·公孙丑下》

得道者多助，失道者寡助。寡助之至，亲戚畔之。多助之至，天下顺之。以天下之所顺，攻亲戚之所畔，故君子有不战，战必胜矣。

意思是：

施行仁政的人，帮助支持他的人多，不施行仁政的人，帮助支持他的人少。帮助他的人少到了极点，内外亲戚都会背叛他。帮助他的人多到了极点，天下人都会归顺于他。凭借天下人都归顺他的条件，去攻打那些内外亲戚都背叛的人，所以君子不战则已，战就一定能胜利。

（三）节选自《尚书·五子之歌》

民惟邦本，本固邦宁。

意思是：

人民才是国家的根基，根基牢固了国家才能安定。

第三节　修　饰

修饰一

> 【堂正人格】核心提示：得道者能处天下。
>
> 天下者非①一人之天下，唯②有道者处③之。
>
> ——节选自黄石公《六韬·顺启第十六》

一、注解

①非：不是。

②唯：只有。

③处：得到。

二、译文

天下并不是一个人的天下（而是天下人共有的天下），只有得道的人才会得到天下。

三、要领

德足以怀远，信足以一异，义足以得众，才足以鉴古，明足以照下，此人之俊也。行足以为仪表，智足以决嫌疑，信可以使守约，廉可以使分财，此人之豪也。守职而不废，处义而不回，见嫌而不苟免，见利而不苟得，此人之杰也。

——节选自黄石公《素书·正道章第二》

意思是：

品德高尚，可以让人心悦诚服；诚实可信，可以统一不同政见；以义当先，可以服众；才识杰出，可以分辨历史上的得失；贤明睿智，可以明晰当下的事理，这样的人可称之为"人中之俊"。行为举止可以为楷模，聪明智慧可以解疑难，道德诚信可以守契约，廉洁公正可以理财务，这样的人可称之为"人中之豪"。恪尽职守，无所废弛；恪守信义，无所变易；虽遭猜疑，仍能义无反顾；利字当头，仍能不见利忘义，这样的人可称之为"人中之杰"。

四、选读

（一）节选自张商英《素书·原序》

离有离无之谓道，非有非无之谓神，有而无之之谓圣，无而有之之谓贤。

意思是：

宇宙万物生于有，有生于无，有无之上是道的本体，能够把握到道的本体的就是悟道之人；道的用体是有无，有无同体而异名，有无对立而统一，能够把握到这一层的就是神明之人；"无"的功能是创始，"有"的功能是成就，能够通过成就宇宙万物的"有"，把握到创始宇宙万物的"无"的，就是圣哲之人；这里的"有"作一般规律讲，"无"的意思是不知道一般规律，能够在不知道规律的实践中探索到一般规律的，就是贤能之人。

是故形而上者谓之道，形而下者谓之器，化而裁之谓之变，推而行之谓之通，举而措之天下之民谓之事业。

意思是：

所以在形器之上，无形体度量，抽象不可形而为万物，所共由者，就叫作"道"；在形体之下，有形体可寻，是具体之物，就叫作"器"；将形上之道、形下之器，变化而裁制之以致用，就叫作"变"；推而发挥之，扩充之以实行于天下，谓之"通"；举而设施安置于天下的百姓，就叫作"事业"。

（三）节选自《周易·系辞上传》

一阴一阳之谓道。继之者善也，成之者性也。

意思是：

一阴一阳的相反相生，运转不息，为宇宙万事万物盛衰存亡的根本，这就是道（这里指道的用体）。继续阴阳之道而产生宇宙万事万物的就是善，成就万事万物的是天命之性，亦即道德之义。

修饰二

【堂正人格】核心提示：成大事者需要把握天时、人心、技能、势位等自然之道。

　　古之立大事者，不惟有超世①之才，亦必有坚忍不拔②之志。

——节选自苏轼《晁错论》

十二讲修成堂堂正正的人格

①世：世人，平常人。

②坚忍不拔：形容信念坚定，意志顽强，不可动摇。

二、译文

自古以来能够成就伟大功绩的人，不仅要有超凡出众的才能，也一定有坚韧不拔的意志。

三、要领

明君之所以立功成名者四：一曰天时，二曰人心，三曰技能，四曰势位。非天时，虽十尧不能冬生一穗；逆人心，虽贲、育不能尽人力。故得天时则不务而自生，得人心则不趣而自劝，因技能则不急而自疾，得势位则不推进而名成。若水之流，若船之浮。守自然之道，行毋穷之令，故曰明主。

——节选自韩非《韩非子·功名》

意思是：

明君立功成名的条件有四个：一是天时，二是人心，三是技能，四是势位。不顺天时，即使十个尧也不能让庄稼在冬天里结成一个穗子；违背人心，即使孟贲、夏育也不肯多出力气。所以顺应了天时，即使不很努力，庄稼也会自然生长；得到了人心，就是不用督促，民众也能自我勉励；凭借技能，即便不急于求成，事情也会很快完成；得到了势位，即使不进取，名声也会大振。好像水的流动，好像船的漂浮，把握自然之道，推行畅通无阻的法令，所以称为明君。

（一）节选自吴兢《贞观政要·慎所好》

且君天下者，惟须正身修德而已，此外虚事，不足在怀。

意思是：

作为君临天下的帝王，只需端正自身修养品德，其他都是虚浮之事，不值得放在心上。

（二）节选自孙膑《孙膑兵法·八阵》

知道者，上知天之道，下知地之理，内得其民之心，外知敌之情，阵则知八阵之经，见胜而战，弗见而诤，此王者之将也。

意思是：

所谓懂得战争的规律，就是要上知天文，下知地理，内得民心，外知敌情，排兵布阵通晓八阵的变化要领，有胜利的把握就打，无胜利的把握就不打。这样的人才就是辅佐君王称雄天下的将领。

（三）节选自许名奎《劝忍百箴》

立身百行，以学为基。古之学者，一忍自持。

意思是：

不论将来从事什么职业，都要以学业为基础。古时候的读书人，都要忍受一切困苦，严格要求自己。

修饰三

一、注解

①异：不同。

②是：他们，指前文列举的人。

二、译文

我则与他们不同，没有什么事一定要这样做，也没有什么事一定不要这样做（只要合乎仁德即可）。

三、要领

内用黄老，外示儒术。

——节选自南怀瑾《老子他说》

意思是：

古代帝王内在真正实际的领导思想是黄帝和老子的学说，即中国传统文化中的道家思想。而在外面所宣示的，即在宣传教育上所表示的，则是孔子和孟子的学说，即中国传统文化中的儒家思想。

四、选读

（一）节选自《周易·系辞传下》

天下同归而殊途，一致而百虑。

意思是：

天下人走的是不同的道路，到达的却是同一个地方；思虑虽有很多种，目标却是一致的。

（二）节选自《周易·系辞传上》

乐天知命，故不忧。

意思是：

知道宇宙的法则，合乎自然；知道生命的真谛，明白自己的人生价值，所以没有什么烦恼。

（三）节选自《周易·系辞传上》

自天佑之，吉无不利。

意思是：

奉行仁道，谨守诚信，崇尚贤人，就是顺应天道，就会吉祥，上而无所不利。

第十二讲
风流人物看今朝

【堂正人格】核心提示：为人民服务是天下古今最大的道。

第一节 经典

【堂正人格】核心提示：学习毛主席的伟大人格，勇当今朝风流人物。

俱往矣①，数风流人物②，还看今朝。

——节选自毛泽东《沁园春·雪》

一、注解

①俱往矣：都已经过去了。俱，都。

②数风流人物：称得上能建功立业的英雄人物。数，数得着、称得上的意思。

二、译文

这些人物都过去了，称得上能建功立业的英雄人物，还要看今天的人们。

三、要领

红军不怕远征难，万水千山只等闲。

——节选自毛泽东《七律·长征》

意思是：

红军不怕万里长征路上的一切艰难困苦，把千山万水都看得极为平常。

❖ 全诗赏读 ❖

红军不怕远征难，万水千山只等闲。

五岭逶迤腾细浪，乌蒙磅礴走泥丸。

金沙水拍云崖暖，大渡桥横铁索寒。

更喜岷山千里雪，三军过后尽开颜。

四、选读

（一）节选自毛泽东《减字木兰花·广昌路上》

命令昨颁，十万工农下吉安。

意思是：

命令昨日才下达，（今日）十万工农武装就要直取吉安。

❖ 全词赏读 ❖

漫天皆白，雪里行军情更迫。头上高山，风卷红旗过大关。此行何去？赣江风雪迷漫处。命令昨颁，十万工农下吉安。

（二）节选自毛泽东《蝶恋花·从汀州向长沙》

百万工农齐踊跃，席卷江西直捣湘和鄂。

意思是：

所有的工农们要踊跃与敌人争斗，让革命席卷江西，捣破敌人占领的湖南、湖北。

六月天兵征腐恶，万丈长缨要把鲲鹏缚。赣水那边红一角，偏师借重黄公略。

百万工农齐踊跃，席卷江西直捣湘和鄂。国际悲歌歌一曲，狂飙为我从天落。

（三）节选自毛泽东《渔家傲·反第一次大"围剿"》

唤起工农千百万，同心干，不周山下红旗乱。

意思是：

我将唤醒千百万的工农大众，同心协力齐努力，那时不周山下红旗遍插迎风招展。

全词赏读

万木霜天红烂漫，天兵怒气冲霄汉。雾满龙冈千嶂暗，齐声唤，前头捉了张辉瓒。

二十万军重入赣，风烟滚滚来天半。唤起工农千百万，同心干，不周山下红旗乱。

十二讲修成堂堂正正的人格

第二节　延　伸

【堂正人格】核心提示：探索人间正道的五重境界。

遍地哀鸿①满城血，无非一念救苍生②。

——毛泽东《七律·忆重庆谈判》

一、注解

①哀鸿：悲鸣的鸿雁，比喻哀伤苦痛、流离失所的人。

②救苍生：拯救中国人民。

二、译文

纵便哀鸿遍地血流满城，这无非想拯救中国人民。

三、要领

为有牺牲多壮志，敢教日月换新天。

——节选自毛泽东《七律·到韶山》

意思是：

因为太多的壮志才会有牺牲，但我敢令天地翻覆换一副新颜。

别梦依稀咒逝川，故园三十二年前。

红旗卷起农奴戟，黑手高悬霸主鞭。

为有牺牲多壮志，敢教日月换新天。

喜看稻菽千重浪，遍地英雄下夕烟。

四、选读

◈ 第一重境界：思考

怅寥廓，问苍茫大地，谁主沉浮？

——节选自毛泽东《沁园春·长沙》

意思是：

面对着无边无际的宇宙，（千万种思绪一齐涌上心头）我要问：这苍茫大地的盛衰兴废，由谁决定主宰呢？

独立寒秋，湘江北去，橘子洲头。看万山红遍，层林尽染；漫江碧透，百舸争流。鹰击长空，鱼翔浅底，万类霜天竞自由。怅寥廓，问苍茫大地，谁主沉浮？

携来百侣曾游。忆往昔峥嵘岁月稠。恰同学少年，风华正茂；书生意气，挥斥方遒。指点江山，激扬文字，粪土当年万户侯。曾记否，到中流击水，浪遏飞舟？

◈ 第二重境界：解疑

把酒酹滔滔，心潮逐浪高！

——节选自毛泽东《菩萨蛮·黄鹤楼》

意思是：

我以酒祭奠这滔滔的波浪，我的心潮随着这滔滔的波浪起伏。

全词赏读

茫茫九派流中国，沉沉一线穿南北。烟雨莽苍苍，龟蛇锁大江。黄鹤知何去？

剩有游人处。把酒酹滔滔，心潮逐浪高！

第三重境界：奋斗

雄关漫道真如铁，而今迈步从头越。

——节选自毛泽东《忆秦娥·娄山关》

意思是：

不要说群山起伏像铁般难以逾越，而今让我们重振旗鼓向前。

全词赏读

西风烈，长空雁叫霜晨月。霜晨月，马蹄声碎，喇叭声咽。

雄关漫道真如铁，而今迈步从头越。从头越，苍山如海，残阳如血。

第四重境界：明道

天若有情天亦老，人间正道是沧桑。

——节选自毛泽东《七律·人民解放军占领南京》

意思是：

自然界如果有知，它会体察到兴盛与衰败这条不可改变的法则。不断地变异、不断地发展、不断地前进，这是人类社会发展的必然规律。

全诗赏读

钟山风雨起苍黄，百万雄师过大江。

虎踞龙盘今胜昔，天翻地覆慨而慷。

宜将剩勇追穷寇，不可沽名学霸王。

天若有情天亦老，人间正道是沧桑。

第五重境界：功成

一唱雄鸡天下白，万方乐奏有于阗，诗人兴会更无前。

——节选自毛泽东《浣溪沙·和柳亚子先生》

意思是：

雄鸡终于高鸣祖国得了光明，东西南北尽歌舞其中还有新疆人，诗人们欣喜唱和兴致无边。

全词赏读

一九五零年国庆观剧，柳亚子先生即席赋《浣溪沙》，因步其韵奉和。

长夜难明赤县天，百年魔怪舞翩跹，人民五亿不团圆。

一唱雄鸡天下白，万方乐奏有于阗，诗人兴会更无前。

第三节　修　饰

修饰一

【堂正人格】核心提示：找到人生使命是第一部人民英雄曲。

自信人生二百年，会当①水击②三千里。

——节选自毛泽东《七古·残句》

一、注解

①会当：应当。

②水击：击水，游泳。

二、译文

我自信我的一生将有二百年，那当然以手击水就是三千里。

三、要领

钟山风雨起苍黄，百万雄师过大江。

——节选自毛泽东《七律·人民解放军占领南京》

意思是：

革命的暴风雨震荡着蒋家王朝都城南京，解放军以百万雄师突破长江天险，直捣蒋军苦心经营三个半月的根据地南京城。

四、选读

（一）节选自毛泽东《耕田乐》

农事毕，读书甚馨香，坐待时机自主张。

意思是：

干完农活，就一边读书增长学问，一边寻找实现心中理想的时机。

此暗示了少年毛泽东不安一隅的现状，正跃跃欲试，相机投身到救国救民的宏伟事业之中。

全词赏读

耕田乐，天天有事做。

近冲一墩田，近水在墩望，多年副产积满仓。

农事毕，读书甚馨香，坐待时机自主张。

（二）选自毛泽东《七绝·改诗赠父亲》

孩儿立志出乡关，学不成名誓不还。

埋骨何须桑梓地，人生无处不青山。

意思是：

孩儿立下志向走出家乡，学习不取得成就发誓不回来。死后何必将尸骨埋在故乡的土地，祖国到处都是可以埋葬尸骨的青山。

此体现了青年毛泽东寻找报国之路的决心与豪迈志向。

（三）节选自毛泽东《沁园春·长沙》

曾记否，到中流击水，浪遏飞舟？

意思是：

还记得吗？那时我们在江水深急的地方游泳，那激起的浪花几乎挡住了疾驰而来的船。

这种以天下为己任、蔑视反动统治者、敢于改造旧世界的历史使命感已经担在肩上了。

（四）节选自毛泽东《念奴娇·昆仑》

一截遗欧，一截赠美，一截还东国。太平世界，环球同此凉热。

意思是：

一片送给欧洲，一片赠予美洲，一片留给日本。在这和平的世界里，整个地球将像这样感受到热烈与凉爽。

这是英雄毛泽东向全世界宣告改造旧世界、埋葬帝国主义、实现共产主义社会的远大理想。

全词赏读

横空出世，莽昆仑，阅尽人间春色。飞起玉龙三百万，搅得周天寒彻。夏日消溶，江河横溢，人或为鱼鳖。千秋功罪，谁人曾与评说？

而今我谓昆仑：不要这高，不要这多雪。安得倚天抽宝剑，把汝裁为三截？一截遗欧，一截赠美，一截还东国。太平世界，环球同此凉热。

修饰二

【堂正人格】核心提示：力行人生使命是第二部人民英雄曲。

江山如此多娇，引无数英雄竞折腰①。

——节选自毛泽东《沁园春·雪》

一、注解

①竞折腰：折腰，倾倒，躬着腰侍候。这里是说争着为江山奔走操劳。

二、译文

江山是如此的媚娇，引得无数英雄竞相倾倒。

三、要领

千里波涛滚滚来，雪花飞向钓鱼台。

人山纷赞阵容阔，铁马从容杀敌回。

——选自毛泽东《七绝·观潮》

意思是：

千里钱塘的波涛从远处滚滚而来，如雪浪飞花般的潮水不断涌向钓鱼台。

人山人海纷纷赞叹江潮阵容壮阔，犹如铁甲战马从容杀敌后回返。

四、选读

力行人生使命的过程是艰辛的，也是快意的。毛泽东《十六字令三首》：

其一

山，快马加鞭未下鞍。

惊回首，离天三尺三。

意思是：

山，高耸入云端。

给快跑的马儿再加几鞭，翻越山巅未下鞍。

惊诧高又险，回头瞥一眼，离天只有三尺三！

第一首表面上是极写孤山之高耸、峻峭，实质上是写红军越过高山时，所表现出的藐视困难、一往无前、不可屈服的精神气概。

其二

山，倒海翻江卷巨澜。

奔腾急，万马战犹酣。

意思是：

山，起伏如波涛，浩瀚似江海，倒海翻江卷巨澜。

山势奔腾迅猛如奔马，好似万马厮杀正酣战。

第二首表面上是极写山之大，写群山之磅礴、险峻，实质上是写红军在万山丛中英勇战斗的雄伟、豪迈气概。

其三

山，刺破青天锷未残。

天欲堕，赖以拄其间。

意思是：

山，傲立苍穹如长剑，刺破青天剑锋没伤残。

天像快要塌下来，全靠着山的支撑，天才得以铺展于宇宙间。

第三首表面上是极写山之坚，写众山之坚固、坚强，实质上是写红军崇高、坚忍的意志和中流砥柱的作用。

修饰三

【堂正人格】核心提示：交代人生使命是第三部人民英雄曲。

不到长城①非好汉，屈指②行程二万。

——节选自毛泽东《清平乐·六盘山》

一、注解

①长城：借指长征的目的地。

②屈指：弯着手指头计算。

二、译文

不登临长城关口绝不是英雄，算下来已征战了二万里的路途。

三、要领

我欲因之梦寥廓，芙蓉国里尽朝晖。

——节选自毛泽东《七律·答友人》

意思是：

我将为此而梦回祖国辽阔的河山，在芙蓉盛开的家乡朗照着清晨的光辉。

⊰⊱ 全诗赏读 ⊰⊱

九嶷山上白云飞，帝子乘风下翠微。

斑竹一枝千滴泪，红霞万朵百重衣。

洞庭波涌连天雪，长岛人歌动地诗。

我欲因之梦寥廓，芙蓉国里尽朝晖。

四、选读

（一）节选自毛泽东《浪淘沙·北戴河》

萧瑟秋风今又是，换了人间。

意思是：

现在的北戴河，依旧秋风萧瑟，但是人间已经换了新颜。

这是向历史复命。

⊰⊱ 全词赏读 ⊰⊱

大雨落幽燕，白浪滔天，秦皇岛外打鱼船。一片汪洋都不见，知向谁边？

往事越千年，魏武挥鞭，东临碣石有遗篇。萧瑟秋风今又是，换了人间。

（二）节选自毛泽东《水调歌头·游泳》

神女应无恙，当惊世界殊。

意思是：

神女（神女峰）如果当时还在，必定会惊愕世界变了模样。

这是向老天复命。

（三）节选自毛泽东《七律·到韶山》

喜看稻菽千重浪，遍地英雄下夕烟。

意思是：

再喜看大片庄稼如浪涛滚滚，尽是农民英雄们在暮色中收工归来。

这是向人民复命。

（四）节选自毛泽东《卜算子·咏梅》

待到山花烂漫时，她在丛中笑。

意思是：

等到百花盛开的时候，她将会感到无比欣慰。

这是向自己复命。

全词赏读

风雨送春归，飞雪迎春到。已是悬崖百丈冰，犹有花枝俏。

俏也不争春，只把春来报。待到山花烂漫时，她在丛中笑。

（五）节选自毛泽东《贺新郎·读史》

歌未竟，东方白。

意思是：

沉浸在吟咏历史的情景中歌声意犹未尽，终于拨开历史的迷雾剔除了伪英雄找到了真英雄时，不觉已是东方曙色初露了。

这是英雄意犹未尽。